销售心法

社群营销下的客户签单秘诀

SMARKETING

〔英〕蒂姆·休斯
Tim Hughes

〔英〕亚当·格雷
Adam Gray

〔英〕雨果·惠彻
Hugo Whicher

著

胡晓红
魏彬 | 译

中国友谊出版公司

图书在版编目（CIP）数据

销售心法 /（英）蒂姆·休斯，（英）亚当·格雷，
（英）雨果·惠彻著；胡晓红，魏彬译 . —— 北京：中国
友谊出版公司，2021.6

书名原文：Smarketing

ISBN 978-7-5057-5155-2

Ⅰ.①销… Ⅱ.①蒂… ②亚… ③雨… ④胡… ⑤魏
… Ⅲ.①市场营销 Ⅳ.① F713.50

中国版本图书馆 CIP 数据核字（2021）第 044014 号

著作权合同登记号　图字：01-2021-1163

© Tim Hughes, Adam Gray, Hugo Whicher, 2019
This translation of Smarketing is published by arrangement with Kogan Page.

书名	销售心法
作者	[英]蒂姆·休斯　[英]亚当·格雷　[英]雨果·惠彻
译者	胡晓红　魏　彬
出版	中国友谊出版公司
发行	中国友谊出版公司
经销	新华书店
印刷	大厂回族自治县德诚印务有限公司
规格	710×1000 毫米　16 开
	14 印张　198 千字
版次	2021 年 6 月第 1 版
印次	2021 年 6 月第 1 次印刷
书号	ISBN 978-7-5057-5155-2
定价	52.00 元
地址	北京市朝阳区西坝河南里 17 号楼
邮编	100028
电话	(010) 64678009

赞 誉

在传统的实体世界里，销售部门和营销部门之间有一堵布满青苔的古老的墙。这堵墙由来已久，现在也影响到了网络世界，而营售一体化的整合为其扫清了道路。销售部门和营销部门早就该协同合作了，有些人只在口头上提倡，但休斯、格雷和惠彻采取了行动，并提供了一些具体的解决方案。

特德·鲁宾（Ted Rubin）

画廊编辑器（Photofy）首席营销官兼咨询委员会成员，

品牌创新者峰会（Brand Innovators Summits）承办者，

流行道路（Prevailing Path）联合创始人

这本书有力地传达了销售、营销和商业的数字化转型的真相，深入浅出。书中的例子及细节有利于我们充分理解当今世界销售和营销的工作方式，以及后续变化。那些想了解数字技术的现状和未来发展方向的商业人士都应该读这本书。

罗伯特·卡鲁索（Robert Caruso）

丰达洛销售与营销线上咨询（fondalo.com）、

面向消费者方案咨询团队（Engage2Connect.com）合伙人

当今世界发生了翻天覆地的变化，要想取得成功，营销人员、管理人员和商业创新者必须读这本书。这本书不仅解释了营销和销售的新规则，而且还介绍了如何应对可能出现的挑战，逐步实现营售一体化的转型。这本书浅显易懂，内容丰富，必定使你手不释卷。

简·巴尔博萨（Jan Barbosa）

全球母婴品牌"宝贝"（beBee）大使，

2016 年奥莱蒂卡（Onalytica）全球智能电子企业前 100 位感染力影响者之一

销售部门和营销部门的结合从未像现在这样重要。这本书不仅解释了整合销售部门与营销部门的必要性；它还针对以整合销售部门和营销部门获得竞争优势，从而取得成功这个层面，提出了深刻的见解。

梅洛尼·多达罗（Melonie Dodaro）

《解锁领英》（*LinkedIn Unlocked*）、《领英密码》（*The LinkedIn Code*）作者

公司的品牌建立在对客户的承诺及提供的体验之上。把这两者连接起来，你就可以实现盈利！通过与客户进行互动，可以得到大量经验。因此，公司要授权团队建立其个人品牌，继而打造公司品牌，与客户进行必要的互动来扩展业务。蒂姆·休斯是社交销售和社交业务的大师，他在这本书里指引一个公司将这些想法变成现实。

乔恩·费拉拉（Jon Ferrara）

敏捷集团（Nimble）首席执行官

人们早就认识到整合销售和营销职能的必要性，但从未付诸实践。一些企业希望通过深化销售部门和营销部门的合作以谋求企业的发展，这本书为这些企业指明了道路。

蒂法妮·博瓦（Tiffani Bova）

《升级智商》（*Growth IQ*）作者

毫无疑问，客户是当今商业世界的中心。在一个全球互联的市场中，客户无法将营销与销售及客户服务区分开来。客户希望无论何时何地都能联系到企业，并且相关人员不会互相推诿。企业需要在结构上进行调整，以适应这一现状。

迪翁·卢（Dionne Lew）

《社区运营专员》（*The Social Executive*）作者，

社区运营专员首席顾问兼首席执行官

对于那些想要在"客户时代"生存并繁荣发展的企业来说，真正地整合力量、互相协作是关键。在过去的几年里，休斯是一个真正的思想家和行动派，他定义了社交销售，并与惠彻和格雷一起，重新定义了销售和营销的结合方式。这是一本必读书！

约翰尼斯·切赫（Johannes Ceh）

战略管理咨询公司（Strategic Management Consulting）所有者和顾问

我们的购买方式正在发生重大变化，销售界和营销界也要努力紧跟潮流。蒂姆·休斯、亚当·格雷和雨果·惠彻为销售人员、营销人员和企业提供了一个最全面的指南，帮助其利用这一变化并将其转化为优势。这是一本必读书，每位读者定会受益匪浅。

丹尼尔·迪斯尼（Daniel Disney）

每日销售企业（Daily Sales）创始人兼首席执行官

精明强干、要求严格的买家将不再容忍供应商的笼统信息轰炸。因此，销售和营销部门现在要加快步伐，进行转型，以适应新的采购过程……这一过程的重点是整个客户生命周期内的买方成果（而不是供应商收入）。蒂姆、亚当和雨果在这本伟大的书中指出，为了实现这一转变，大多数企业要转变工作重点。最近的一份研究报告指出，"只有3%的买家能够完全信任销售和营销人员"，销售部门和营销部门再也不能各行其道，我们要进行变革，重新关注买家。

这是一本很好的书，它相当有说服力……销售和营销的一致性，以及与新合作的买家保持一致性很重要。

格雷厄姆·霍金斯（Graham Hawkins）

"销售部落"公司（SalesTribe）首席执行官兼创始人

销售和营销将不再是一回事。如今，我们正在从孤立的方法转向基于客户的策略，蒂姆适时向我们展示了成功需要阴阳设计的原因。

王雷（Ray Wang）

星座研究公司首席分析师和创始人

目　录

第二章
现行销售模式的终结原因

第三章
目前吸引客户关注的方式

第四章
销售心法：营售一体化模式

第五章
支撑体系：营售一体化的四大支柱

第六章
实施阶段：八大步骤实现营售一体化

第七章
营售一体化面临的挑战及应对措施

第八章
统筹一体化：衡量、报告和管理

第九章
支持营售一体化的实用工具

第十章
全新销售法：目标客户营销

第十一章
销售心法是一种趋势

序　章

销售心法应运而生

如果我们寄望他人，守株待兔，改变是不会发生的。我们自己，就是我们一直在等待的那救世主；我们自己，就是我们正在寻找的变化。

——巴拉克·奥巴马（Barack Obama）

颠覆成为商业世界的常态

在现代商业世界，市场、客户、企业三者之间似乎常常存在着一种紧张关系，有时很难看出这三个因素中的哪一个起了推动作用。企业可以带动市场发展，可以紧跟市场潮流，当然也可能落后于市场现状。它们或驱动市场，如苹果公司（Apple），或追随市场，如三星（Samsung），或者它们也可能是"墨守成规"的落后者（如大多数高街银行①），因为老一套的方法不费力气且收益颇丰。每个企业都以特定方式行事，追求着自己的商业目标，打造着自己的商业模式。

当然，每一种做法都存在风险——尽管风险不尽相同，但它确实存在。苹果公司甘冒开发、制造和销售一种没人想要的产品的风险，它的追随者三星无法卖出和创新者同样高的价格，所以冒了降低利润的风险。然而，承担最大风险的是"落后的"金融服务业公司。即使这种公司曾经是颠覆者，但它们天生就无法接受变革；它们在中期阶段变得安于现状，这就是最大的风险。

柯达（Kodak）、玩具反斗城（Toys RUS）、鲍德斯（Borders）、百视达（Blockbuster）和无数其他颠覆性品牌都以自己的方式发展起来，但其他企业也颠覆了它们。

许多读者可能还记得黑胶唱片，它们伴随着我们成长，笔者小时候对此则是耳濡目染。在黑胶唱片之后，又出现了磁带和光盘（CDs）。音乐和物质财富同等重要，然而，音乐是社会性的。你可以坐在唱片机前倾听埃尔顿·约翰（Elton John）的精选集，然后随手把唱片借给你的朋友。

---

① 高街银行（High street bank），主要指在英国的商业大街（High Street）上遍布的银行，也被称为"零售银行"，这类银行允许的贷款额度较小。

索尼（Sony）第一次研发随身听时，很多人表示："为什么我要边走边听？我可以在家里听音乐。" 2001 年 1 月 9 日，iTunes 软件的发布震惊了世界——这是一个转折点，从此用户可以下载音乐了。2008 年又有了一个转变，无须下载或购买，用户可以在线收听音乐。2008 年 10 月 7 日，声破天（Spotify）问世了。正是因为基础设施的改进，如 iPhone 手机、Wi-Fi 无线网络等，才出现了上述重大变革。此后，苹果公司宣布终止 LP 下载格式。据媒体报道，未来，苹果公司计划完全终止 LP 下载格式，转向流媒体音乐模式。事实上，黑胶唱片这种复古怀旧物件，现在要比 LP 格式畅销。

有趣的是，媒介手段一直在变——唱片变成了磁带，磁带又变成了光盘（更加耐用和方便），就这样，虚拟媒体取代了实体媒体，用户可以从网上下载歌曲了。

然后，"自由租音乐"这一创意淡化了实际所有权，因此在音乐互动的各个层面都发生了颠覆性的变化。

我们看到，在短短 10 年时间里，所谓的常态一次次被颠覆，而且颠覆的速度在加快。我们将进一步在本书中探讨，在宏观经济层面上，那些对企业造成影响的颠覆，以及在销售和营销领域发生的颠覆现象。

销售心法让企业处于先发优势

值得一提的是，本书开篇，我们就试图像给衣服翻领一样（可以这么说）来撼动销售和营销界！"一切照旧"的弊病一度让销售和营销部门陷入瘫痪，这种弊病集中体现为"足够好"思维的安于现状和受限于短期目标的狭隘短视，它在一定程度上使销售和营销部门进退维谷。要摆脱这种状况，相关部门要全力以赴，在展望未来时，做出一些根本性的变革。这些部门也要采取重大行动。如果它们想扭转下降趋势，重回往日辉煌，销售和营销部门就要立足高远，把对方看作平等的合作伙伴，以更紧密的方式展开合作。

这种观点毋庸置疑，同时我们满含激情地对需要变革的事物发表了自己的看法，当然这并不是说我们仅在书中"夸夸其谈"，事实恰恰相反。我们详细探讨过这本书中的每个观点，并从问题及其解决方案角度（后者更为重要）对每个观点进行了研究。我们希望，读完本书的你会想到其他办法来拓展自己的商业版图。

通过与数十家企业的对话（包括我们的周边企业以及作为本书背景的一部分企业），我们发现一些企业将销售与营销相结合，并因此得以蓬勃发展。但是，也有一些"不知所措"的企业，它们不知如何改变运作方式，以致不能紧跟客户需求，也不符合现代世界的企业前景。

企业惰性阻碍企业变革，而新技术和新行为又需要新过程和新策略。书中一则重要访谈向我们揭示了，大企业在现实世界中是如何在两者之间取得平衡的。这家公司为销售部门和营销部门制定了成功的工作制度，使两者在战略和运营方面相互联系。虽然它们的责任制度和预算仍然不尽相同，但它们彼此联系日益密切且致力于实现同一个目标，那就是创造良好的用户体验并使公司赢利。它们在执行计划时通力合作，朝着一个共同的目标努力。营销不是为了打通销售管道，而是为了打通闭合的销售管道，两者之间存在着巨大的差异。因此，这个例子证明了在现代商业世界中，销售部门和营销部门可以以不同的方式协同工作。

毫无疑问，在我们采访过的、供职过的或者合作过的公司中，企业（和个人）做出购买决策的方式如今已大不相同，但这种根本性的转变并没有体现在企业的销售及营销机器反映客户行为的方式上。

我们承认，企业惰性、恐惧变革和"我们根本不按这种方式做事"的僵化思想确实是问题的一部分，但更现实的问题是，销售和营销部门的人（老实说，他们的工作相当多）根本没有时间反思自己的行为，也没有注意到他们与客户的联系不像以往那样紧密了。

企业怎样才能将销售与营销相结合？它们要怎样进行变革，才能有备无患？我们尝试在本书中对这些问题给予清晰的指导。当然，我们并不是说柯达覆灭的故事将会重演，也不是说你的产品已为现代社会所淘汰，因为这不是销售和营销的问题。我们要说的是公司目的在现代社会中的重要性。

我们建议在选择、评估或比较产品和服务时，首要考虑销售和营销这两个方面。如果企业不想重蹈几十年前那些知名企业的覆辙，那就要把品牌形象和决策方式相结合，这对它们现今和未来的发展都非常重要。

如果你自恃公司实力强大、经营有道、市场对品牌的认可度高而对这件事不屑一顾，那你可要三思了。正如凯捷咨询（Capgemini Consulting）所言，无论你的企业看起来多么安全可靠，你都存在"不安全"因素。

@凯捷咨询：自 2000 年起，52% 的世界财富 500 强企业或者破产，或者被收购。

2015 年 5 月 10 日下午 6 : 25

你的公司（不必担心，不仅是你的公司，几乎所有公司都这样）面临着重大的变革，但你不必为此担惊受怕，因为变革会使部门的目标更加明确，你也可以将之视作一次新的冒险，或是一次改变世界的机会。有一点是肯定的：在这个游戏中你可以尽情发挥，因为迄今为止似乎很少有公司接受了这种变化，这意味着你和你的公司可以抓住先发优势，利用这个大好机会。

虽然这看起来像是痴人说梦，但事实并非如此。在亚马逊（Amazon）、爱彼迎（Airbnb）、色拉布（Snapchat）或脸书（Facebook）等颠覆性公司工作的想法是令人兴奋的，这一点毋庸置疑。虽然情况确实如此，但颠覆有很多形式，有内部颠覆也有外部颠覆。当我们想到颠覆这一概念，我们通常关注的是公司作为颠覆者所做的事情，而不是公司做这些事的方式，对你和你的公司而言，这可能是潜在的大好机会。

所以让我们先倒带设置一下场景。

销售和营销乃至整个商界已经改头换面。在这样的世界里，颠覆已成常态，万物发生改变的同时，规则手册也被抛诸脑后。此时，许多人和公司不知所措，他们不知道如何前进。

旧的销售和营销模式已经不再适用了。有些地方的销售已不复存在，但另一方面，新的销售机会似乎在各地涌现。表面看来，这似乎毫无意义。

当然，在商业世界里，环顾周围正在发生的事情（或者已经发生的事情），认为改变毫无意义的想法无可厚非。变化似乎无处不在，适应性强的新兴企业可以从中发现问题。然而，对于老牌企业来说，这是一个需要攀登的悬崖。"面对如此巨大的风险，我的公司如何应对经营、商业（乃至整个世界）运作方面的巨大转变？"你必须有所行动，因为保持原状态不变本不是一种选择。研究出你和你的企业穿越变革雷区的方法，构建出"变革已经提上日程且迫在眉睫"的论点，这都是我们要面临的挑战。

销售与营销面临的颠覆挑战

销售和营销中，事件结果的不可预测性意味着，准确预测销售结果变得越来越难。在营销层面，创造和运行那些让你信心满满并且肯定可以取得高回报率的营销活动，现在已经变得越来越困难了。

销售管道往往充满希望和梦想。在最后一刻，那些"稳操胜券"的交易消失了，"蓝鸟"（bluebirds，意外上门的生意）突然出现，为销售人员解了燃眉之急。

对于营销部门来说，举办活动、直接邮递、广告宣传、电话销售这些老一套模式在如今根本无法吸引眼球；虽然就像销售人员的"蓝鸟"交易一样，有时这些活动能带来巨大的成功……但更多的时候它们并不奏效，有时甚至一无所获。销售部门经常会因不能预测未来而担忧，这就像旋转轮赌盘一样。

新数字化时代的动态性意味着"最佳实践"（best practice）已经成为过去。我们并不是说卓越并不存在，但过去广为认可的"实现卓越之道"在现在看来已不合时宜。事实上，过去的方法如今已不奏效，这让企业在履行大部分职能时不无忧虑，即使是最成熟的企业也不能幸免。

无关应用程序

在这个充满未知的世界里，我们见证了智能应用程序和新产品的到来，它们在一夜之间改变了行业（或创造了新的行业）。通常我们把这些定义为颠覆的最前沿，当然它们也是颠覆过程的一部分。但还有其他比应用程序更具颠覆性的事情。

是的，应用程序体现了现今流行趋势，这一趋势产生的原因是客户成熟度和消费行为发生了变化。优步（Uber）的用户都会对其优越的性能大加赞赏，但这不是我们选择它而非挥手拦下路过的出租车的原因。用优步乘车之前，我们可以看到司机的评分，行程结束后，优步会将行程及收据发送到我们的电子邮箱。有了优步，我们再也不用带现金（或给司机小费）了，也不用在雨中淋20分钟等一辆"就在附近"的出租车。优步的服务好，与现代生活息息相关，有舒适的服务界面，所以我们喜欢使用它。

给顾客带来这种"舒适"服务的公司——爱彼迎、亚马逊、网络电话(Skype)，以及每个社交网络服务平台，如谷歌邮箱（Gmail）、Spotify，它们不是在销售产品，它们做的是"营销和销售"（marketing and selling）工作。用户可以用优步搭便车，用爱彼迎租赁房屋，用亚马逊购买产品……这些公司只是销售和营销引擎，为了跟上时代的步伐，人就要成为自己公司产品的销售和营销引擎。

我们知道这绝非虚言，因为我们见证了多年以来自己消费行为的变化。我们知道，我们与顾客购买过程的互动已与十几年前截然不同。我们对此了然于心。但由于某些原因，尽管公司里每个人都承认这一点，但公司自身可能会很难接受和适应这种改变。

优步这样的企业通过应用程序直接与世界互动，因此在很多其他企业看来，它们不仅是用户界面，还是问题的解决方法。在会议上，你有多少次听到有人说"我们需要的只是一个应用程序"？我确信我们需要的不止于此。因为应用程序不是基本的过程、产品或精神，它是一个颠覆者。当然，一款将客户或潜在客户与一个过时的、不相关的企业（或者更确切地说，别人眼中过时的、不相关的企业）联系在一起的应用程序，在现代社会不太可能会引人注目。在这个社会，人们的注意力持续时间很短，并且都希望自己能成为谈话的焦点，可是尽管如此，我们一直在开发应用程序。

我们经常看到一个典型现象：企业通常把技术视为解决方案，对其颇为重视（此处的技术不仅指应用程序，还包括营销自动化、新网站、企业资源计划和商务智能系统等），但技术恐怕难以担此重任。这些工具或技术只相当于促进器或网关（Gateway，网间连接器），如果通过它们接触到的只是一些平淡无奇的东西，那这些技术或工具也创造不了多大的价值。

没有灵丹妙药

我们总是忘记（或者不愿意承认）世界上没有能治愈一切的灵丹妙药。技术促成改变，我们没有否认它的重要性。技术是成功的重要平台，它也是成功的发射台。但是企业在采用技术时经常把技术本身视为解决方案，就好像是技术能使企业从落后者一跃成为领先者，或者能弥补它们正在抗争的诸多组织缺陷。但技术达不到这些。正如格雷迪·布奇（Grady Booch）所说："就算有了工具，傻瓜仍然是傻瓜。"企业寄希望于计划投入使用的那些光鲜的新技术工具，但那些只会加速企业衰退，这种趋势不可避免。

我们在与企业合作时，经常发现它们并没有与时俱进。它们承认客户（以及广大消费者）做出购买决定的方式已经变了，但是这种观点却没有渗透到企业变革中来维持与客户的密切联系。

可能并非企业不愿接受现实，因为曾经企业的产品对顾客有吸引力，但现在这种优势可能不复存在了，它想恢复往日荣光却束手无策。

在销售和营销的客户领域，这种茫然不知所措的现象日益普遍，因此，企业变革迫在眉睫。在这一领域，公司可能会在最短的时间里得到最多的回报，因为顾客可以感受到它们的用心良苦。这种转变行之有效，它可以促进业绩提升。

销售和营销之间一直存在一些紧张关系（你可以说，这在过去有利于业绩提升），但这种紧张关系使公司效率低下，不能适应 2018 年及之后的客户需求。它们有点墨守成规。或许它们觉得这只是一个小故障，也许很快就会恢复正常服务？很明显，它们通常似乎无法做出必要的根本性改变来重现旧日辉煌。它们经常只是走走过场（或者它们产生了错觉）。尽管知道这不管用，但它们还是这样做了。

> 患者：医生，医生，我妻子认为自己是一只鸡。
>
> 医生：先生，你应该送她来住院。
>
> 患者：我们会的……但我们需要鸡蛋。

任何读过营销史的人都知道，伟大的营销造就成功的企业。营销曾被视为成功的引擎——可以看看塞思·戈丁（Seth Godin）在一次 TED 演讲中提出的"电视工业综合体"（the TV industrial complex）假设。但今非昔比，很多情况下，推动业务增长和市场份额的强大动力只是之前的简单延续。营销已沦落为一个专注于制作宣传册（没有人阅读，也没有人会相信）或组织活动（没有人参加）的部门。

这部分引擎的故障引发了商业困境，但是这不能全部归咎于营销（尽管营销是部分原因）。

销售也难辞其咎。有些销售人员为了提高业绩，保住饭碗，让毫无戒心的客户（或受害者）购买他们本不需要的产品。销售人员已经不再是"知己和朋友"或"值得信赖的顾问"。在很多情况下，他们已经成为一个不受欢迎的群体。

这种想法很悲观吗？

是的，这种关于营销和销售部门在现代世界的运作方式的观念是很悲观的，但肯定有证据表明，这实际上是许多问题的根源。

几年来，两个部门一直在互相怀疑，互相鄙视，而不是共同致力于服务客户，满足客户的需求，从而提高收益。以前顾客对营销和销售怀有期望，而现在他们对营销材料和销售人员持一种抵触态度。现在，营销使用没完没了的陈词滥调，他们只想着投其所好而不是为读者或观众创造更多的价值，而且销售团队已经臭名昭著了。

随着时间的推移，大部分企业选择了简单方法。它们没有在销售和市场部门做出必要的改变，因为这可能与"公司结构"不符，或者考虑到自己离退休只有几年时间，这些改变应该在离开公司后进行，况且老一套"还可以用"呢。当然，不知何故，企业已经对除了营销和销售的大部分业务进行了升级换代，如实时商业智能、企业资源规划、人力资源系统、配销和供应链等。

50 年来，企业的销售和营销职能几乎没变，它们在这方面也没取得什么进步。所以，如果销售和营销已经落后于时代，它们应该怎么做呢？

很明显，人们仍然需要销售，而营销还能发挥作用吗？当然。销售是公司中最有价值的部门，因为资金是企业的命脉。所以营销需要以一种更高效、更专注的方式支持销售，不要和政治混为一谈。

企业需要将销售和营销部门合并成一个新的部门（或可能是一个新的运营模式），让销售和营销部门能够携手合作，真正以客户为中心，并为客户提供销售、价值和实际服务。营销部需要及时、适当地向销售团队提供他们在现实世界中所需要的材料，而销售部需要提前告诉营销团队，他们需要什么，以便营销部提供的材料能真正发挥作用。

如果所要求的营销支持对销售无益，那么就需要开诚布公地讨论一下问题出在了哪里，以及如何解决问题。我们需要团结合作，而不是"各干各的"。

企业应对挑战的破局点

本书为企业如何实现营售一体化（把销售和营销相结合）提供了方法、流程和工具参考。在互联网和买家获取即时信息的能力的推动下，购买过程发生了变化。千禧一代①和 Z 一代②也推动了这一变化，和他们的父母一样，他们对这个世界有着不同的期望。蒂姆 80 岁的母亲回忆起了名噪一时的比尔·黑利（Bill Haley）与彗星合唱团（The Comets）以及猫王埃尔维斯·普雷斯利（Elvis Presley）。无论是性手枪乐队（Sex Pistols）、布兰妮·斯皮尔斯（Britney Spears）、辣妹组合（The Spice Girls），还是单向乐队（One Direction），每一代人都有属于自己的流行记忆。

为什么要改成一家营售一体化的公司

如今购买过程出现了故障，若不把销售和营销相结合，你可能会面临更糟的状况，那就是公司破产；破产之后你可能就被市场排斥了。当然，读了这本书的你很有可能会采用此方法，全力一试。

当今世界竞争激烈，公司的竞争基础是提供比竞争对手更好的产品和服务，但事实上，买方认为所有的产品和服务大同小异。要想在今天继续生存，公司必须提供价值，而正是这种价值才使公司与众不同，实现盈利。

卖家的竞争卖点

要想脱颖而出，企业必须要有自己的竞争优势，采取与以往不同的营销和销售手段。因为买家想要有所收获，洞察一切，就要了解行业趋势以及你所采取的商业措施。此时他们的需求已不限于产品本身及其性能方面，他们希望作为商业领袖与你进行平等对话。因此销售和营销部门需要协同工作，进行部门共建，

---

① 千禧一代：1980~2000 年间出生的人。
② Z 一代：1995~2009 年间出生的人。

放开领导大权，建立业务关系，在客户和账目方面形成一种互信协作的关系。

追踪客户行程

现代社会，买家和公司的联系方式多种多样。在火车上或是在上班路上，我们就可以研究某个产品或服务，浏览信息等过程也可以在手机上完成。工作时，我们可以在工作的电脑上做同样的事情，然后在回家的路上用手机进行更多的研究，到家后给公司打电话进行购买。

作为营销和销售人员，我们必须全面地看待我们的客户：人们想从不同的渠道购买产品，也希望消费不同的内容，如长格式、短格式、视频等。我们比以往都更需要确保我们的资源、营销、售前活动、顾问和销售等部门人员各司其职，协助买家进行购买活动。我们再也不能决定谁与买家互动，因为我们不能确定买家的位置。毕竟，竞争只有一键之遥。有多少次你想买东西却因卖家提高购买难度而加入抢购的行列？

商业案例

本书读者可能会被问到一个问题："为什么要把销售和营销相结合？"你可以举前文那些例子，它们都是很好的理由。但实际上，人们想知道把销售和营销相结合的经济原因。

若无实际的商业案例作为基础，企业要如何理解，才能彰显自己的特色呢？这里有一些把销售和营销相结合的经济原因。

盈亏比——盈大于亏

通过营销漏斗与顾客直接互动，在恰当的时机直接向顾客提供正确的资源，这会成为巨大的竞争优势。在购买周期的初始阶段，你的企业自然是为顾客解决问题的。事实上，你应该脱颖而出，在竞争之前获得业务，这样才能获得较高的利润。

钱包份额（*SoW*）

在第 10 章中，我们对钱包份额展开了更详细的论述，销售和营销双管齐下的方法可以使顾客成为回头客并为你带来更多顾客。此外，现有客户会不断回购产品。我们在第 10 章会对基于客户营销方法进行进一步阐述。

资源和效率

营销或销售部门的资源是有限的。我们概述了营售一体化这种高效模式是如何推进工作，并最大限度地利用人力和资本。这是体现转变必要性的重要因素，在探讨转变原因时应该对其优先考虑。

致力员工发展，吸引顶尖人才

第 11 章探讨了销售和营销相结合的方式，以及人力资源对条例的执行方法，这应该能把你当前的招聘从推式招聘转变为拉式招聘。许多公司认为招聘就是在社交媒体上发布职位，这是一种推式模式。如果我们创造环境，通过社交媒体和员工宣传来吸引人才，那么人才将源源不断，而你也将是业界首选雇主。

研发

通过社交媒体找到拥护者之后，他们就会宣传你的优势，同时你也可以通过他们了解其他社交媒体用户的选择——这对你的品牌和销售大有裨益。此外，你还可以获得他们对你的产品和竞争对手产品的反馈。投入研发可以使你的产品紧跟市场潮流。

总之，商业案例应该意味着你拥有最大的利润，最忠诚的客户，最优秀的人才和最好的产品。我们知道这一切听起来就像白日做梦；请扣上安全带，继续阅读，因为我们认为营售一体化有一些真正了不起的东西，我们希望你读过这本书后也会成为了不起的人。

快速突破，除旧立新

脸书的这一著名的座右铭，反映出马克·扎克伯格（Mark Zuckerberg）对"fail fast"（快速失败）机制的热爱。试试看，如果不管用，就再次尝试。不过，在2018年你可能考虑问题的角度可以稍微有些不同，但现在企业更新换代快，如果企业不够灵活，不能对市场和消费行为随机应变，它们就会走向破产。现状并不乐观，企业要有自己的竞争优势，否则就是自取灭亡。企业必须积极探索，以提高参与度和效率，我们认为将销售和营销相结合就是一个显而易见的方法。

营售一体化——未来每个企业都需要了解的概念

如果你读到了这里，那么非常感谢。我们能请你帮个忙吗？和我们分享一张你的自拍和图书标注并 @timothy_hughes、@agsocialmedia 和 @HugoW_Oracle 与我们进行互动，你也可以发一张书的照片，和我们打个招呼。

自我调查问卷

1. 你的公司是否参与了数字化转型？如果是，领导层是否参与其中并身先士卒？如果没有，作为一个变革代理人，你要如何引领变革？

2. 你的公司是否有改变的心态？如果没有，你可以发起哪些活动促成公司人员的心态转变？

3. 你需要与哪些利益相关者讨论这一变化，以及你需要采取哪些不同的方式与他们交谈？比如说，财务总监和市场总监的动机是不同的。

4. 在你的业务中，什么是引起变化的最佳方式？是面对面的，还是网络研讨会？或者两者兼有？你的业务可能基于一个网站，或者是全球性的，有许多不同的网站。

5. 如果你在讨论变革，你需要考虑哪些文化敏感问题？

第一章

现行营销方式的趋势演变

本书的作者既有销售人员又有营销人员，其世界观往往各不相同，难分高下。营销者精于分析，轶事证据很重要，但他们更想要的是数据。销售者却更注重实践，从工作经历中总结经验。

营销者善于调查，不仅能从微观层面入手，比如个人战略筹划，而且能基于宏观领域，比如策略和整个销售市场等。这种分析癖好必然将现行的营销方式推向消亡的深渊。现行的营销方式不是处于即将消亡的困境之中，而是已经毫无用武之地了，只不过很多营销部门都未认识到这一点。营销只是走走过场，像无头苍蝇一样漫无目的；像虚有其表的皇家庆典仪仗队，营销已经成为过时的、与社会脱节的活动。

干扰式营销的绝对地位

让我们以一个故事来阐明这个颇有争议的观点。

在早期现代营销中（这一时期广告营销盛行），J. 沃尔特 · 汤普森（J. Walter Thompson）、利奥 · 伯内特（Leo Burnett）、雷蒙德 · 鲁比卡姆（Raymond Rubicam）、戴维 · 奥格尔维（David Ogilvy）这些广告天才对广告业进行了大刀阔斧的变革。他们以一种极为简单且有效的方式，调查研究了信息的概念及传播方式，即"干扰式营销"（interruption marketing）。这种营销方式以下述方式运行：营销者或广告商想出广告创意，在媒体空间上购买广告牌位，向目标客户提供信息，用销售所得利润购买更多的媒体空间，之后再以广告营销推动销售，用所得利润购买更多空间，如此不断循环往复。

美国的营销大师塞思 · 戈丁于 2003 年 2 月在 TED 演讲中，将此营销过程称为"电视工业综合体"，这一说法广为人知。

> 我将其称为"电视工业综合体"。电视工业综合体的运行模式是：企业购买广告来干扰大众，赚取利润，用所得利润销售更多的产品，进而用销售产品所得利润购买更多的广告。如此往复循环的模式，和很久之前的军事工业复合体（military-industrial complex）别无二致。（戈丁，2003）

在电视工业综合体的循环模式之下，催生了家乐氏（Kellogg's）、宝莹（Persil）、可口可乐（Coca-Cola）等家喻户晓的品牌。此方法在 20 世纪早期至 20 世纪 70 年代，甚至是 80 年代都颇有成效。

"干扰式营销"是大多数营销的基础。我向你传递信息来"干扰"你，有可能会得到你的回应。如果我经常这样做，总有一天你会愿意购买我的产品和服务。

时代的变迁催生了新的平台和技术，营销者也逐渐关注其他传递信息的渠道。过去线上营销广为盛行（主要是通过广告：电视广告、收音机广告、户外广告、平面广告），现在线下营销大行其道（可以通过各种渠道，诸如公共关系、搜索引擎优化、付费搜索、活动、内容营销等方式）。

尽管有了新的营销方式，之前的基本规则依旧适用。营销者构思信息，传递信息（让消费者相信），刺激消费者的消费欲望。很长一段时间里，营销领域没有丝毫改观。诚然，营销者更聪明了，他们运用更前沿的技术，例如市场细分、不同种类的营销战术、名人代言、赞助等，可无论如何变化，商品销售量都和商品吸引力息息相关。随着企业的竞争者增多，人们的关注点会随之分散，企业只要增加广告或营销的覆盖面，或者增加产品吸引力（诸如在广告上投入更多资金、邮寄更多的广告等），就可以轻而易举地打败对手。

在很长一段时间里，营销领域的基本准则有绝对的权威，因此，根本没必要改变营销方式。

数字技术见证营销方式的变革

更多的创意活动 = 更多的销售额；更多的广告投入 = 更多的销售额；更多的邮箱联系人 = 更多的销售额；等等。

数字通信的兴起为营销者提供了机会，让他们能最大程度地提高绩效，不断改进方法。数字通信的即时性（以及数字信道的双向性）意味着营销部门可以更迅速地验收工作效果，及时做出改进。与此同时，数字通信也提高了营销者的工作效率，在一定范围内促进了投资回报率的增长。

营销者也及时把握住了数字化营销的其他优势，如节省线下营销的运费、减少线上营销的支出。尽管各种数字渠道的兴起带来了变革，营销市场上的基本动态仍然保持原样。

正因如此，大多数公司都对营销部门进行统一化管理。营销部门的职责就是确保信息的一致性（以支持公司的大品牌愿景及其目标），保证公司内部沟通的效率及适用性。这些做法对公司的发展大有裨益。

这些营销部门统一制作宣传手册、发布广告信息。他们可能还会制作部门或行业的纵向宣传活动及资料，但这些仍然都是为了实现营销的一致性。好好想一想，在线上或线下这两方面的营销支出形成的规模经济，可能才是更重要的。

在很长一段时间内，"干扰式营销"都非常有效，甚至可称得上是成绩斐然。这种营销方式也促进了世界上很多大公司的发展及其销售额的增长，诸如宝洁公司（Procter & Gamble）、强生公司（Johnson & Johnson）、美国通用电气公司（GE）、英国石油公司（BP）、福特汽车公司（Ford）等。但是，大约在10年前形势已经开始变化了，如果你从事营销行业，将会注意到这一点。在过去的10年里，不管是营销活动的成功程度，还是成功的不可预料性，都发生了根本性转变。

与此同时，数字技术的兴起也见证了营销方式的根本性变革。而营销部门面临的根本性变革不是技术，而是与他们一直来往的客户，现在，顾客已经不再相信营销者的推销了。

客户的有限时间与信息掌握度

研究表明，75% 的人已经不再相信广告了。

《福布斯》刊登了市场调查公司 LAB42 于 2013 年做的一项研究：

- 96% 的调查对象认为有一半或者是更多的瘦身广告是后期合成的。
- 76% 的调查对象认为大多数的广告不是"极度夸大"，就是"有些夸大"。
- 87% 的调查对象认为有一半或者是更多的清洁类广告是后期合成的。

这就意味着有 7/10 的人不再完全相信营销信息了。要是你足够诚实的话，你就会明白这一点绝非危言耸听。"世界上最好的啤酒""顶级的发动机"，这种说法有可信度吗？你自己都不相信，怎么能指望顾客相信呢？这从整体上与标语是否具有创造性的魅力，或是营销活动成功与否并无太大关联，但是这却表明我们的营销对象，不再像几年前那样照单全收了。

2015 年，尼尔森公司（Nielsen）做了一份名为"对广告的信任度"（Trust in Advertising）的调查，报告中有大量研究表明：除去个性化推荐，2015 年有大约 50% 的广告是可信的。（尼尔森，2015）

2017 年 7 月，数据资讯网（Digiday）调查了乐天株式会社（Rakuten）的营销市场，报告数据显示，人们把网络广告统归为"假新闻"。这个研究有 2500 名对象参与，其中有 83% 的人将网络广告视为上网体验的垃圾，更确切地说，63% 的人压根就不相信广告。[戴维斯（Davies），2017]

> ……因此，我们需要进入到一个互动的环境中，与顾客进行与往昔迥然不同的对话。我可以说，在营销和销售层面，没有一家公司像我们这样，与顾客可以相互讨论，只有我们才可以建立起这种对话模式。我们运用思爱普公司在世界各地的人力物力，去做对某一特定客户群体有用的事情，让这个行业更加简化（因为我们需要对不同顾客的定位进行划分）。因此，我们可以说已经发现了一些极具说服力且独一无二的事情。我们将这些发现带入到销售中，无论你想与顾客之间有沟通的机会，或是不与顾客沟通，你都需要了解某些信息，你也需要与顾客进行此类的对话。
>
> 里安农·普罗瑟罗（Rhiannon Prothero）

在我们探究失去顾客信任的原因之前，我们需要想想，顾客现在正承受着前所未有的压力。顾客承受的压力之多，影响了他们与你的营销手段、信息及品牌效应进行正常沟通的能力。

每个人的时间都非常有限

在我小的时候（离现在也不是特别远），那个世界与现在完全不同。人们的生活节奏很慢，人与人之间的联系也不像现在这般密切。人们之间大多数时候都是不联系的，坦白来说，似乎一切都比现在要悠闲。

而如今每个人的肩上都背负众多的期望，这种期望或来源于工作、职业、家庭，或来源于业余爱好、健康和健身。电视、游戏机和音乐无处不在，现代社会中没有人可以说"我有一个清闲的午后"，因为他们确实失去了这份闲情逸致。

我们不再有时间去做那些清闲的事情了。

在2011到2016这5年的时间里，18到24岁的青年每天看电视的时间少了一个半小时，平均到每个年龄阶段就是每周看10个多小时的电视，每天看20分钟的电视。（尼尔森，2017）

预计到 2020 年，18 到 24 岁的青年每天看电视的时间会少于 2 个小时。
[德勤全球（Deloitte Global），2016]

时代的改变在很大程度上影响了营销者（这一点我们在之后也会谈到），同时，它也对社会和人类带来了深刻的影响。营销预算投入多种媒介中，与此同时，人们的时间也分散到不同的事情上。

每个人的时间都是有限的。这是一个陈词滥调，但是这句话经常被大家所提起是有原因的。几年之前，你愿意等待一些事情，诸如购买音乐唱片、电视节目、新闻报道、信函回电、邮局画册邮购等。但现在的情况已经大为不同了。你随时可以从世界各地的供应商那里得到你所需要的东西。你只需用手指触摸屏幕，就可以随时了解各种类型的知识。在琐碎的时间里，你可以做诸多的事情，比如观看片刻拍摄好的视频、聆听瞬间录制的歌曲。你可以看想看的电影、读想读的书，而且你可以立刻做到。此时此刻，非常迅速！

因此，在这一背景下，如果营销材料谈论的是企业或产品自己，而与顾客无关，那么，为什么顾客要浪费宝贵的时间，去阅读关于企业或产品的营销材料呢？

塞思·戈丁曾说过一句非常著名的话："在我有限的时间里，相比解决你的营销问题，我有更重要的事情要去做。"我们或多或少都认可这句话。顾客不再为了想了解产品特征，而去费力地读那些晦涩难懂的商业用语。相反，顾客开始阅读企业信息，如果顾客不能为之吸引、感到愉悦或是有所启发的话，他们会将其扔入垃圾桶中，继续做别的事情。

现代社会沟通的状况不容乐观，但是大多数营销部门似乎还没有注意到这一点。

但时间并不是唯一的障碍。

认为客户无知

很多年来，营销部门都认为：大部分顾客都不知道产品用途及评价如何、是否值得信赖、有没有较好的企业支撑，也不了解它们的同类产品如何。事实上，很多年来，买家甚至都不知道某个行业或领域的领军人物是谁。

现在情况和之前大不相同。买家都很在行，他们有时候对产品和服务的了解比卖家还要多。确实，相比以往，他们可以接触到更多的知识，这很明显会带来销售与营销总体运行方式的变化。如今，营销部门的职责已经不再是用华丽的文笔来赞扬其产品的优点。现在的情形似乎是，买家了解产品，可以将其与同类产品进行比较。买家动动手指，就可以了解到关于产品的硬数据。那么他们现在想要的是什么呢？他们最想要的无非就是帮助。

现在买家想让卖家站在他们的立场，急其所急，供其所需。买家想让卖家为其解决问题，提出相应的方案。买家不想再听卖家鼓吹那些陈词滥调，或是自我宣传，他们想与卖家成为朋友，获得真诚的帮助。买家想要的是建议，最好是真诚客观的建议；他们想让卖家帮助自己做出正确的购买决定。

事实就是如此。同时，你可能会反对这些观点，因为你明白，这与你的做法相悖。即便作为营销者，你都不相信公司的宣传资料，不愿意费力地阅读成堆的营销语言。你所真正希望的是，有信得过的人给你提供"专家式"的帮忙和指导。

> 我们的顾客想要听到的是理性的数据分析吗？答案是否定的。企业想听到的是可以有效改变运行方式的方法，运用这一机制为他们带来更多的顾客吗？答案是肯定的。
>
> 我在这一过程中的职能主要是：判断应该如何继续去提升这一服务，而这也是我们思爱普公司的员工所做的。提升对话质量，并确保对话的焦点始终是顾客。我们需要不断处理，在职能分工中，哪个员工在哪一部门做得比较好，以及哪个员工被合理地安排在既定的岗位，所取得的效果最好。因此，我们不能简单说营销和销售两者之间配合得非常好。营销和销售两个部门之间，需要基于实际情况，灵活地互相成就彼此，共同向前迈进。
>
> 里安农·普罗瑟罗

因此，为什么营销的发展如此之快呢？我们认为你一定知道原因。而原因就在于互联网。互联网出现后，顾客可以自主上网调查。他们不仅能找到企业项目管理软件，或者不管他们想要找的是什么，通过你付费购买点击率的广告以及搜索引擎的优化，他们也能看到一连串营销导向型的建议，简而言之，这正是企业的意图所在。但与此同时，顾客也能了解你所在企业的软肋。

顾客上网的时候不仅能看到企业本身的介绍（和企业竞争对手对其自身的介绍），他们也能看到别人对企业的评价，可以了解到那些"公正的专家"是如何评价企业的产品和服务的。顾客可以看到企业想让他们看到的：产品的特有卖点、你引以为豪的案例与成功故事。但同时顾客也能看到你没有提及的一些事情：问题客户、产品的可信度问题，以及你苦心经营的体系框架轰然倒塌的时刻；顾客还能看到一些企业羞于提起的事情。网络已经成为买家在购买东西时，对付企业的"吐真剂"。

对企业营销者来说，最糟糕的一点则是，顾客可以查询到所有与企业有关的信息，企业却对此茫然不知。顾客可以展开调查，进行探索，了解企业所卖产品的质量；他们最后会列出一份选择清单，确定其衡量标准。而这些工作是在企业毫不知情的前提下进行的。CEB［商业调研与分析公司，为高德纳咨询公司（Gartner research）的一部分］发现，在B2B（企业对企业电子商务模式）下，卖家对买家57%的购买进程毫不知情（CEB，2018）。（此数据也显示在CEB的官网上，可以明显代表买家购买进程的变化。）仔细想想这个数据——57%，这也意味着在很多情况下，买家在这个过程中会放弃某个企业的产品，而企业却对此毫不知情。

营销者可能认为，买家是通过他们的营销活动来了解产品的。实则不然，买家自己上网，浏览其他买家的客观评价内容。这一内容并不像企业的宣传材料，基于品牌或是想要凸显产品的卖点，而是很客观的；或者在买家看来，这些评价的内容很真实。让我们更现实一些，将其视为是当前营销市场上通用的一种模式。在此情况下，事实无关紧要，重要的是买家对于事实的看法。

很显然，这只是例外，而不是一个普遍通用规则。然而，我们宁愿这样想，要是我们可以碰到"蓝鸟"销售或好运销售，我们的对手可能才会得到 10 个、100 个，或是 1000 个成交订单。但我们也都明白，这种情况并不常见。

这一案例告诉我们：顾客的购买模式不再是企业之前想的那样了。企业驱使顾客购物，顾客看见产品的时候，企业就需要把相关的信息呈现在他面前。企业控制顾客的说法，现在看来是如此荒谬。当前，顾客可以控制其自身的消费，按理说营销部门应该减少向他们发放宣传册，因为即使顾客需要企业提供这些信息，也只是很少的一部分。

营销部门最担忧的就是顾客自己上网寻找信息，进行探索，却不展现其购买意图，在购物过程中，营销手段只是自我营销和销售。既然如此，在将来，营销部门还有什么存在的价值吗？

人们不再相信广告了——75% 的被调查者都说他们不相信广告，而且广告行业卖广告席位不再像之前一样畅销了，这也是对这一结论的有力说明。

几年前的"电视台广告为其自身做广告"，便是最早的有利证明。这不是文稿打印错误。电视台做广告是为了告诉各大品牌，在电视台上做广告是很有必要的。很显然，这极有可能是因为它们有卖不出去的广告席位，所以决定利用空闲席位来为自己打广告。

广告宣传活动可以产生高投资回报率的越来越少。国际民意调查公司（ORC International）和广告科技公司米里亚德（Mirriad）共同发布的一项调查显示，1015 个成年人里，有 76% 的人会屏蔽线上广告，跳过传统的电视广告。（国际民意调查公司）

很多研究也证实了这一调查结果。2016 年 10 月，《美国新闻与世界报道》（US News & World Report）详述了全球音乐电视台（MTV）现存的管理问题，美国联合通讯社（Associated Press）也公布了尼尔森公司对于曾经最受青少年欢迎电视网的最新数据。截至 2016 年 9 月，全球音乐电视台在黄金时段平均有 55 万观众，与 2011 年兴盛时期的 148 万相比，呈下降趋势。对于电视台来说最重要的人群（18~34 岁，千禧一代），仅在 2017 年收视率就下降了 25%。

但非常有趣的是，大家都了解这一信息，并且普遍承认，广告行业从整体上来说呈现下降趋势，可营销部门仍然将广告（尤其是电视广告）视为最有力的工具，对其追捧，绵延不断。

诸如"WPP 集团因旗下广告商都在减少支出，面临 10 年以来最糟糕的状况"这样的标题（斯威尼，2017），以及 WPP 集团在 4 个季度里有 3 个季度都发布盈利预警的现实，都愈加显示出广告行业问题的严重性。

事实上，行业内的专家也都意识到这一问题不但没有缓解，反而变得愈发严重。"我们今天面临的问题与以往截然不同，由于新资源的出现，行业衰落的速度在加快。"汤姆·罗杰斯（Tom Rogers），一个关注赢家游戏（WinView Games）的执行总裁及目标媒体（Target Media）的董事长兼首席执行官，曾经指出了这一点。2017 年在甜菜电视（Beet. TV）关于视频广告的领导者峰会上，他们谈论道："由于网飞公司（Netflix）、亚马逊公司等公司的出现，传统电视行业的衰落速度在逐年加快，而这种情况在今后还会加重。"

不可否认，营销部门选择无视事实现状，使其只能自己使用其产品的状况日益恶化——营销部门认为看法观点远远胜于事实，因为一旦关注现实，它们就必须要改变。可能营销部门选择做广告便是最好的证明：形式比内容更为重要。

既然如此，由于线下活动更具针对性、相互间联系更为紧密，营销部门是不是应该把注意力从广告转向线下活动呢？这样可以缓解或消除公司产出效率低下的萧条状况，难道不是这样吗？

广告营销干扰客户，效率低下

对于营销部门来说，一个不好的消息是：在生活中，营销部门效率的降低不仅仅是因为广告。

福奈斯集团（Fournaise Group）于 2011 年上半年进行的一项研究显示，顾客不仅对广告的回应度降低，总的来说，他们对营销沟通的回应度也降低了。与 2010 年相比，美国、欧洲、澳大利亚这些国家和地区的顾客回应度平均降低了 19%，而诸如印度和中国这些发展中国家，它们的顾客回应度降低了 16%。因此，广告业的衰落，现在还伴随着其他营销手段的衰落。（福奈斯营销集团，2011）

事实上，人们不再想一直为信息所干扰了。我们需要认清这一现实。

电子邮件收件箱里有垃圾邮箱过滤器的设置，增加了我们发送电子邮件的困难。通常，来自陌生人的邮件，会直接被清理进垃圾邮件。越来越多客户开始使用苹果自带邮箱（Apple Mail）、微软 Outlook 等邮箱，如果他们收到的邮件没有注明邮编，可以通过点击"取消订阅"链接便可直接取消订阅。

在家里，你会把垃圾桶放在门口，以便直接将"垃圾邮件"丢入垃圾桶里，而不用绕到厨房的垃圾桶去处理。

固话和手机都有语音信箱这个业务。因此，你看到来电记录时，可以回拨给那些你经常联系的朋友，对那些不常联系的陌生号码不予理会。体验过推销和电话营销的人都明白，找到通话对象并不难，难的是找到有交谈欲望的客户。

实际上，硬盘录像机问世之后，只要你提前录好想看的内容（或者是你想看的节目开始时，你可以先泡一杯茶，等待视频缓冲一下），你就不再需要看电视广告了。坦白说，社交媒体和各种电子屏幕的出现，使得人们可以回看直播（后者更为常见）。

广告拦截软件可以让你的生活免受横幅广告的困扰。苹果公司在这一领域又一次领先。用户使用 Safari（苹果浏览器）时，Safari 不允许各种网站中自带的 cookies（小型文本文件）记录你的信息。（所以你浏览过的各类网页，诸如茶壶之类的生活器具，甚至难以启齿的内衣长裤之类的生活用品，其任何痕迹已经消失殆尽！）

科根培杰图书出版社（Kogan Page Book）出版的另一本书——戴尔·洛弗尔（Dale Lovell）的《原生广告》（*Native Advertising*）深入论述了这一问题。

在这种情况下，营销以它现在的形式，又能抓住什么机会呢？技术的发展和人们行为的变化使营销部门的工作愈加艰难了。

当你认为情况总不能更糟时，新法律出台了。英国和欧洲都制定了《通用数据保护条例》（*General Data Protection Regulations*），同样，在别的国家，也制定了相似的法律。《通用数据保护条例》对于企业保存的与顾客和有发展潜力顾客的信息，做出了极其严苛的规定。如今，要是公司泄露了顾客的安全数据，领导者和整个公司都要面临严厉的经济上和刑事上的处罚。因此，公司花了很多年消除顾客对营销的抵触心理才建立起来的存储忠实顾客信息的数据库，现在可能也不能再使用了。

可能你不相信我们所说的，但有一些创新型的公司已经意识到了这一点，不再使用营销部门已经用了数十年的顾客信息库。

上周的 6 月 23 日，威瑟斯本（JD Wetherspoon）宣布：他们不再通过电子邮箱给顾客发广告，并删除了其所有的电子邮箱联系人。威瑟斯本的首席执行官约翰·赫特森（John Hutson）在给订阅者发布的一封邮件中宣告：

"很多公司想通过邮箱来进行自我宣传，但我们不想再采用此方法了，我们认为这种做法对顾客来说可能会很唐突。"

他补充道："公司所有顾客的邮箱地址，包括你本人的，都会被删除。"

2015 年，威瑟斯本公司遭受了顾客的数据库泄露危机，第三方窃取了他们 656727 个客户的个人信息。数据里面包含非常私人的信息，比如顾客的姓名、邮箱地址、出生日期及电话号码。

《通用数据保护条例》新闻报道 [爱德华兹（Edwards），2017]

威瑟斯本是英国顶级的酒吧连锁集团，从其风险回报率来看，此前为它带来利益的大数据，如今却成了一种负担，这点是很有趣的。威瑟斯本在最后一封邮件中写道：将永久性删除顾客的资料，如果顾客希望与其保持联系，可以访问公司的网站。这是一种大胆的创新，还是顺应时代进步的必然结果？你可以自行判断，但这也表明了受人推崇的营销基石正在倒塌，或者已经倒塌了。

不管怎样，很明显，时代正在变化（或者是已经发生了变化），同时，营销部门的职能变化也日新月异。

或许问题在于营销部门没有适应时代。它们的确接受了新技术，但事实上，这种来者不拒的态度可能也是问题所在。

营销部门开始使用自动化工具，诸如广告点击付费、谷歌的合作伙伴网络、利基战略、定制化内容、对比测试、预测分析技术等。公司开始寻找合作伙伴，强强联合，以发挥它们的影响力；用数据管理平台来寻找潜在顾客。营销部门接受了很多新的技术，并将其利用到运行程序、工作流程及结构中来，但是，值得深究的是，营销部门几乎都没有停下来想想顾客想要的究竟是什么，以及它们所做的是否真正丰富了顾客的体验。尽管它们强行营销的方法失败了，但它们仍然不加理会，继续我行我素。营销部门为达目的不择手段，它们不断进行技术创新，不是为了提升用户的体验，而是为了便利自身的生活，或者是促进销售额的增长。

以上观点似乎在抨击营销行业，但我们笔者中也有营销者，我们非常热爱这一职业。然而，我们认为以上说法所言非虚。

尽管如此，你也不必为营销部门感到难过，因为这种衰败是自食苦果。很快就会有一个崭新的时代，你将看到对于营销功能的一个全新定位，这一定位基于顾客利益，是营销部门始终应该践行的运行模式。但是，现在此情况还不会发生，营销部门依旧会继续它之前的运行模式，这种模式会逐渐衰落，直至消失不见。

细细回味塞思·戈丁曾在 TED 演讲中说的一句名言："营销人员的问题在于他们打破了一切。"他在很大程度上说明了事实。塞思所说并不是指营销者故意去破坏市场，而是他们经常榨干资源。现在回顾一下，有了新的可用渠道之后，营销的发展过程。

　　过去营销的方法只基于事件和样本，但很快其进化成了某一种形式的直接邮件。在打印式邮件的时代过去之后，传真机可以传递相同的普通信息给更多受众，且费用更低。在当时，它让人耳目一新。营销者可以只花少部分传统邮件的钱（省去了传统邮件打印的费用），给目标市场发传真。同样重要的是，营销者能早日收到回信，了解其营销活动是否有成效。有传真的帮助，营销者无须等两周，而在几天之内就能知道其创意是否成功。

　　在传真之后，电子邮箱也流行起来，它能够以更低的费用传送相同的普通信息。通过电子邮箱，营销者减少了传送信息的成本（它不像传真机一样有电话线的费用），而且营销者得到回复的速度更快，仅需几天，就能知道其创意是否成功；在几个小时之内就能了解营销活动是否成功。

　　随着技术的不断进步，营销者只是贪婪地将其视为解决眼前问题的一种方法，而很少考虑长此以往，这种做法可能导致的后果。

　　由于不断收到各种垃圾邮件，人们创造了垃圾邮件过滤器；由于有人为了牟利把私人数据卖给了其他机构，有关机构制定了《通用数据保护条例》，提供了电话选择服务；由于广告商一直在屏幕上投放广告影响使用者体验，人们开发了广告拦截器；人们开发了数字录像设备（TiVO），来……

　　你是否能领略其中真正的用意？营销者所采用的策略，都有同等相应的对策。从来没有人会因为他们每年都可以加薪，而非常生气地说"我们想要一个加薪过滤器"。也没有人会特别需要"折扣拦截器"或"圣诞礼物过滤器"，因为这些都是每个人真正想要得到的东西，它们有价值且可以让人们感到开心。

　　营销却与之相反，营销者不能真正满足人们的需求。他们仍是疯狂地用早些时候做广告和营销的手段，以信息来干扰人们。

加里·维纳查克（Gary Vaynerchuk）曾经提到过：他想在娱乐体育电视节目网（ESPN.com）上看纽约喷气机队（New York Jets）的比赛，可三星的广告却频繁弹出来，干扰他观看比赛，因此，只要他在世，就不允许家人再买三星集团的产品。你应该看一下加里的这个视频（听听加里怎么说，2017——原谅我的粗鲁），因为他的视频很有趣，且他对别人对于营销的看法，有着非常有趣的叙述。视频的要点是，由于他无意间频繁点击了广告，营销者就认为"呀，这个人被我们的产品深深吸引了，他很喜欢我们的产品"，殊不知，可怜的加里由于他的大手不能点击关闭按钮回到他想看的页面，而愈加生气。

这对营销部门来说看似有所启发，但并不确定它们是否愿意采用。我之所以这样说，是因为营销部门囿于其固有的行为模式和价值理念。各部门（几乎所有人）都是如此，但营销部门又与其中的大多数部门略有不同，原因非常简单。

起初，人们认为营销有一种奇妙的魔力。营销活动是极具画面感与语言魅力的，之后消费者就好像入迷了似的，心甘情愿来消费。营销不属于理科范畴，属于文科范畴的认知，从这时起就一直存在了。董事会（通常是商人和会计）每年给营销部门相应的预算，让它们用其来产出印象、观点、声音份额、品牌认可度及信息量……不管营销部门销售的是什么，大部分董事会成员对这一过程既不了解，也不关心。营销没有顺利将资深股东拉入其阵营中，让他们支持营销，而是更倾向于保持一种神秘感。

20世纪80年代末，我们中的一个朋友（同时也是客户），是世界上最大服装制造公司广告部的全球主管，你应该知道这个公司。他做出了一些很显著的业绩［拜他所赐，一些消费者受广告影响，在自助洗衣店脱下牛仔裤后，一边洗一边迫不及待地听着马文·盖伊（Marvin Gaye）的歌曲］。但是在这一次宣传活动中，有些公司取得了很高的投资回报率，有些公司则没有。我朋友所做的另一次广告宣传活动是：一个人从一家后院的游泳池，游到另一家后院的游泳池。此次广告无疑非常失败，而且这样做的花销极其昂贵。但我认为他特立独行，创造了一种新的宣传方式。可由于他不想改变这一有创意的想法，所以未得到公司资深董事的支持。

从某种程度上来讲，这正是营销部门所做的。它们得到预算，去促进销售，进而再……然而，坦诚说，营销部门并未促进销售。它们所做的只是产出我们上文中提到的印象、信息量等。它们并未与对其进行财政支持的客户交好，因此，它们现在面临很大的风险。

营销部门需要证明它们能够创造利润，产生高投资回报率；它们是一个盈利中心，而不是一个开支中心；它们需要产出利润而不是印象。营销部门不应该谈论，其宣传活动是怎样激发人们的想象力的；也不应该谈论，网站上新出的简明导航栏是如何优化顾客的体验的；更不应讨论，公司棱角分明的新商标相比之前那个旧商标，是怎样吸引千禧一代的；抑或是这些模糊、带有主观色彩且不切实际的措施又该如何改进。与此相反，它们需要可以证明其存在价值的事实，它们需要证明这一季的直接业绩就是带来了上百万美元的利润。但可悲的是，这种情况不太可能发生，因为单凭空想是无法提升利润的，也有一部分原因，是因为它们当前还看不到因循守旧的风险，因此，它们认为现在还没有必要改变。

几年前，我们有一家客户是中型律师事务所。我们一直在与他们合作研究社交媒体策略，但他们并不认为有足够的资源来撰写内容、发送推文以及转变。他们带我们去看他们的机构，在附近吃午餐。我们在一家不错的餐厅里坐下，谈话如下：

我们：那么，你们会为客户做什么呢？

机构：我们专攻法律领域，所以我们会写一些相关内容，并通过多种社会渠道发布。这些内容定会引起反响，我们也能从此得到利润。

我们：听起来不错，但是你们怎么就能证明你们的内容能引起反响，得到利润呢？

机构：我们专攻法律领域，所以我们可以写出一些优质内容，这些很棒的内容，一定可以得到我们想要的反响的。

我们：你们刚才已经说过这些了，但你们怎么证明可以实现目标呢？

机构：因为我们的内容足够好啊……

不用说，我们陷入了无休无止的争论，因此这顿饭我们吃得并不愉快。这家机构认为只要他们的内容足够好（他们自认为如此），就足够了。我们尝试向他们解释："好"并不是一个衡量成功与否的标准，即便可以得到一些反响，但并不证明一定可以赢利，而这会是一个很关键的问题。但这个律师事务所总是囿于其固有的世界观中。

小结：销售要与时俱进

因此，我们认为，许多营销部门需要为其行为负责任。近段时间，整个营销行业的基石一直不稳定，甚至是面临倒塌的危险：广告不再像之前那样发挥作用了；人们忙于做各种各样的事情（因为他们总有很多事情要做）；人们的生活中充斥着各种各样的信息，他们不愿意，同时也没有空闲时间去看营销信息；人们也不再相信营销主流化的故事了，还有其他诸如此类的事情。

以上的迹象已经存在很多年了，但营销部门却置之不理。它们很清楚接下来可能会发生什么（如果它们足够诚实的话），但它们可能并未找到可取之策。它们也并不能确定，接下来需要做什么样的改变。

尽管本章的主旨表面上是在谈论"营销毫无作用"，实际上这并不是我们的本意。我们认为，营销部门很大程度上有些"跑题"，没有做到与时俱进，就像是一个有些守旧的老阿姨！

那么，营销是在浪费时间吗？当然不是。营销在公司和消费者之间搭建了一座必不可少的桥梁。它给消费者传递信息，为公司构建未来的蓝图。它不是一个停滞不前的参与者，而是为公司提供了很大的便利，当然现有的营销模式还做不到这一点。

营销的作用不可或缺，不管他们是否意识到，集中化的营销部门已经不起作用了。正如公司每年都需要制作年报、报账，股东之间需要沟通一样，公司网站、脸书主页、推特主页仍需要集中管理，那剩下的部分呢？

一定会有更好的解决办法的。我们接下来将会告诉你关于我们的想法。

自我调查问卷

1. 你所在企业的营销活动是否正在进行呢？如果正在进行的话，你认为能做些什么让其减少对你的关注呢？

2. 你有一个真正的营销策略吗？你的营销策略每年都会取得一些进展吗？

3. 坦诚地说：你当前的营销活动真的有效吗？有什么你认为需要调整的地方吗？

4. 与问题3不同的询问方式：基于当今时代的变化——网络影响了我们的购物方式，法规影响了我们处理数据的方式，在这种情况下，你现在所用于营销上的策略真的发挥其作用了吗？

5. 你的应对措施是什么？是求助朋友、分类处理、赢得关注、领先对手、召开会议、增加收益吗？我们无权评论这些措施的对错，但如果你正在读这本书，请你认真考虑一下，决定是否需要做出一些改变。

第二章

现行销售模式的终结原因

> 喜欢你的人会听你讲话，信任你的人才会和你做生意。
>
> ——齐格·齐格勒（Zig Ziglar）

我们生活在注意力经济时代，销售和营销人员都在争夺人们的注意力："买我的产品，买我的产品，买我的产品。"传统推式营销自 20 世纪 30 年代问世以来一直占据主流，如今却不再适合互联网世界的需要。

作为商业领袖，我们要领导有方，保证公司产品以最好的方式卖出。何谓"最好"？也就是在满足市场需要的同时，最大限度地满足客户的需求。现在，没有人喜欢被推销，也没有人喜欢被打扰，这就意味着传统的推式销售不再满足客户的需求了吗？

现行销售模式已经行不通了，本章我们会围绕这一问题展开进一步论述。

社交媒体的强大力量

几年前我去缅甸度假，下了火车，在吃晚餐的时候结识了一对夫妇，他们对社交媒体知之甚少。那次火车旅行让我印象深刻，从眉苗（Maymyo）到昔卜（Hsipaw），这列火车越过了英国人于 1903 年在谷特峡谷（Goktiek Gorge）修建的铁路，让人叹为观止。

在昔卜的晚宴上，我们聊到了在网上和社交媒体上工作这个话题。

有一天我们起得很早，这样我们就有时间在一家缅甸茶馆里喝喝茶（茶馆里甚至有 Wi-Fi）。我们在车站里散步，这时列车进站了，从一个侧线另外调出两节车厢与主列车相连。

我趁等车的这 20 分钟在火车旁边闲逛，并与火车上的人隔窗对话。在缅甸语中，"Minglabar"是常用的问候语，相当于英语中的"你好吗""早上好"等等。这个问候语的使用没有时间限制，在一天的任何时候都可以使用。

我发现缅甸人非常友好，即使在缅甸闭关锁国多年后，他们依然对"外来者"很热情。

隔着火车窗户向当地人问好，完全不同于我以往与陌生人打招呼的方式。有一家人喜欢让我给他们拍照，再凑过来看显示在相机液晶屏上的图像——他们以前从未见过相机。很多人甚至都没有看过自己的照片。

我和一位略懂英文的女士聊了起来，问她一些诸如"要去哪里？""为什么去旅行？""怎么学会说英语的？"之类的简单问题。交流虽不深入，但我们相谈甚欢。

转回到那次在餐桌上的对话。

这对夫妇问我："为什么在社交媒体上，你愿意和素不相识的人交流？"

回到清晨火车旅行这个话题，我认为两个晚餐同伴会"恍然大悟"。在社交媒体上，人与人之间、品牌与个人之间都可以展开对话。在社交媒体上，人们也可以自由发问。你可以向不认识的人、交际圈中的家人朋友，乃至更广泛的社交网络提问。无论是对话还是提问，都可以视作是一次交际、一次交流、一次知识的碰撞；它可以丰富我们的生活。也许最新的玩笑话题会引发我们的笑点。但社交媒体有利有弊，好处是你可以掌控一切，你不必和别人交朋友，也不必听从任何人。这是一种终极民主模式。但我的追随者也可以随时离我而去。

销售的新趋势和新体验

乔治·贝斯特（George Best）曾是英格兰足球顶级联赛的成员，他为曼联及其母国北爱尔兰踢球。有人说他是最好的球员之一，即使不是世界上最好的球员，也是他所在时代最好的球员。一次，乔治在伦敦一家顶级酒店租了一个房间，与当时的世界小姐约会。当时有人可能会说，（在这一点上不接受反驳）她是世界上最美丽的女人。

我们必须记住，在当今社会，顶级足球运动员也不过是运动员。和奥运会运动员一样，他们睡在氧气帐篷里，有厨师保证他们的饮食合理，睡眠充足，做和其他所有一流运动员一样的事情。但乔治·贝斯特的奢靡生活不能作为参照。他想过上奢华的生活，所以他带着世界上最漂亮的女人来到了世界上最奢华的酒店，旁边有端着香槟的服务员服侍。服务员走了过来，看着乔治、世界小姐和香槟酒，说："乔治，哪里出了问题？"服务员的话语中并无讽刺意味，并且这是如今销售惯用的一个隐喻。长期以来，销售这种职业让人感到骄傲。

销售，辉煌不再重现

我曾接受过米勒·海曼（Miller Heiman）和霍尔登（Holden）的培训，并从中学到了一些方法，如顾问式销售技巧（SPIN）。那时买卖双方都"知道规则"。作为买家，要想获得产品或服务信息，只能给公司的销售人员或销售代表打电话。

在现代营销创始人利奥·伯内特生活的年代，互联网还没有普及，那时销售人员只能向顾客面对面介绍产品及服务细节。广告、贸易展览、会议、无约电话等都是向顾客推销的手段。

销售和营销就是向顾客介绍推广产品或服务，此外，向顾客推销产品时可能会打扰到他们。在某种程度上，这是可以接受的，因为消费者只能通过这一途径获取信息。互联网发明之后，一切都变了。

大权在握的买家问世

消费者或买家意识到他们有控制权，而且有了互联网，他们可以自主调研。如今，消费者会对他们看到的产品和服务广告进行调研，并将该产品与其他品牌的产品进行比较，做完这些之后却往往转向该产品的竞争品牌。这是品牌的二分法。消费者大权在握，商家的苦心经营实际上却可能会把这些消费者和他们的钱推向其竞争对手。

顾客不想成为推销对象——没人喜欢这样

我在学生时代曾去兰萨罗特岛（Lanzarote）游玩。那时我没有钱，但我真的很想去看看这个岛，所以我耐着性子听人推销分时度假①，好得到一张 3 天免费租车的优惠券。这是当时销售活动的常态。在询问我的需求时，销售人员将我的需求与分时度假的好处进行了匹配。他甚至告诉我们，经理说如果他做不成这笔交易，就把他的胡子剃掉作为惩罚。我不知道他说的是真的，还是在博取我们的同情。但最后他没有做成这笔交易，而我租到了汽车。

现在，想买东西的时候，我们可以自己上网研究。有问题时，我们中的多数人首先想到的就是向谷歌或者社交媒体求解。这就使得买家大权在握。以上文提到的兰萨罗特岛之行为例，我可以从各种公司网站上调查房屋价格，还可以上网浏览所有新闻来了解分时度假的利弊，到联系公司的时候，我已经掌握了很多可以向销售人员求证的信息。销售人员经常听了我们所说的话后，连说是的，然后销售人员会向我们解释。在买家购买过程发生变化的情况下，他们却还是如此。

我们的买家不在社交网络上

这样的声音不绝于耳。在温尼伯（Winnipeg）的几次会议上，一家会计师事务所的人员告诉我们，他们的客户都不活跃在社交网络上。

但我们发现领英（LinkedIn）上加拿大和温尼伯首席财务官的人数占总人数的比例完全一样，事实上，活跃在温尼伯地区的首席财务官的比例要高于整个加拿大。我们还向客户展示了这些首席财务官中有多少人最近换了工作，有多少人在领英上发布消息，并出现在媒体上。所有这些都是销售联系他们的理由吗？我们还向客户展示了他们的校友网络；作为该公司的前雇员，他们很可

---

① 分时度假（timeshare），就是把酒店或度假村的一间客房或一套旅游公寓，将其使用权分成若干个周次，按 10~40 年甚至更长的期限，以会员制的方式一次性出售给客户，会员获得每年到酒店或度假村住宿 7 天的一种休闲度假方式。

能会提出开会的要求。我们写作本书时，世界上 40% 以上的人都活跃在社交媒体上，但买家可能不会告诉你，他们也使用社交媒体。

我们推销的产品……

人们要么把东西卖给大公司，要么卖给小公司，但基本上，不管他们卖什么，出于某种原因，人们认为他们的客户不在社交网络上。例如，小企业主（因为他们不使用社交网络）可能会认为其他小企业也不使用社交网络。外包或云合同执行额超过 1 亿美元的大企业主也这么认为。你为什么要上网搜索这些呢？事实上，我们发现人们一直在上网搜索。

购买产品需要消耗内部政治资本。例如，如果你向董事会提交一份价值 1 亿美元的外包合同报告，这将改变你公司的内部格局，公司员工可能会被调到新的外包公司，这肯定需要会上网的人。为什么？如果你要出席董事会或参与项目，任何专业人士都希望掌握所有重要信息。如果你能够回答董事会可能提出的任何问题，并确保按时、按预算交付项目，你极有可能获得提拔。

把买家当作单独个体看待

买家希望被当作个体对待，这并不是什么新鲜事。塞思·戈丁在 1999 年出版的《许可营销》（*Permission Marketing*）一书中指出，商家需要把顾客看作单独个体，即与他们建立一对一的联系。书中出现了"超连接"（hyperconnected）这个营销术语，说明 1999 年就有了把顾客当作单独个体看待的想法。

从 B2B 的角度来看，1999 年出版的唐·佩珀斯（Don Peppers）和玛莎·罗杰斯（Martha Rogers）的《一对一实战手册》（*The One to One Field Book*）一书，让我们意识到消费者也很聪明。

B2B 购买模式的革命

CEB（现已被高德纳咨询公司收购）每年都会对购买过程展开调研。

2017 年，他们发现大多数 B2B 买家在联系销售人员时，已经完成了购买流程的 57%。然而，在我做销售的那个年代，买家了解产品和服务的唯一方法就是电话沟通。如今已经发生了翻天覆地的变化。

大权在握的买家

如今，人们可以通过网络了解你的产品和服务（而不是以广告或贸易展览的形式），这对公司（无论是大公司还是小公司）而言是个机会。人们可能会在谷歌上找到公司白皮书，在领英上发现员工对公司的赞誉，或者在推特（Twitter）上看到客户对公司的推文。或者，最近我在公司的销售交流会上会讲到，客户可以在 YouTube 视频网站上搜索"社交销售演讲者"（social selling speaker），这样，他们就能了解我所在公司的相关讯息。

有时候，人们在领英上看到我这篇文章时，可能认为这项研究已经过时了。那么，我只好假设，或许他们认为互联网也是一种转瞬即逝的时尚。这种想法由来已久。事实上，人们用谷歌搜索时会得到不同的搜索结果。客户也会像我们一样进行网上调查，这毋庸置疑。

像我们之前谈到过的 B2B 销售会计，如果有客户找他谈生意，他已无须再向他们介绍产品了，因为客户已经在网上看过相关介绍。

2016 年高德纳公司做了一份有趣的报告，很值得一读，这份报告的标题是《94% 的企业采购团队放弃了，两年来一单生意也没做成》。（巴恩斯，2016）

在上一家公司供职期间，有一次，我和人力资源、软件销售团队的同事一起开会，会议结束后，有人抱怨："会议终于结束了，客户知道的比我还多。"在场的人中似乎只有我波澜不惊。当然，在见供应商之前，评估团队都会提前认真研究。还有一次，我们访问了一家市值居全球前五的公司，他们说互联网对他们来说并不重要。他们与首席执行官联系密切，直接和首席执行官进行业务往来。这也让我们感到震惊。因为我们知道有客户拒绝了另一家"五大"公司的报价，因为他们提出的人员构成和日薪与他们在领英上发布的个人资料不符。例如，团队中一些人在领英的注册资料还是毕业生，但公司却对他们极力推销。所以客户拒绝了这个报价。

37% 法则

对于销售人员来说，37% 是一个无法解释的数字。[斯潘纳（Spanner）和施密特（Schmidt），2015]

网购时，我们通常对所购商品知之甚少，甚至一无所知，然后我们开始浏览信息以加深对该商品的了解。我们阅读文章，在 YouTube 上观看视频，甚至在网上配置汽车，之后我们对所购商品的了解程度越来越高。当我们完成了购买过程的 37% 时，我们就对所购商品有了一个清晰的认知。我们知道自己的需求。但是，网购会就此止步吗？我们认为，顾客是百分百地参与购买活动的。换句话说，这就是社交营销和社交销售的结合点。

一个做销售主管的朋友来找我帮忙，他说："我们新进了一批产品 X，该产品占据 70% 的市场份额。在许多情况下，我们是唯一的供应商。在整个销售过程中，几乎没人和我们竞争，但最终我们却没有从该产品中获利。"

我们对公司的数字足迹进行了评估，并得出了结论，之后我们把调查结果反馈给他。

"产品 X、Y 和 Z 对你有多重要？"我问。

他回答说："我们是市场领导者。"

"听起来不错，"我回答道，接着说，"你去谷歌搜索一下。"

之后，他拿出了笔记本电脑。

对产品进行搜索之后，他发现自己的公司并没有出现在网页上。事实上，他的公司在搜索结果的第 6 页，而出现在第 1 页的公司更具竞争优势。对此，他的回答是两个词，其中一个是"见鬼"（hell）。而那三种产品都是这样的情况。

我接着说："你在网站上清楚地列出了产品，但你没有呈现出来。"

递交报告时，我们说："现在的情况是，这桩交易已经到了推荐产品 / 开展业务阶段。客户通过谷歌搜索没有发现你的公司，却看到了你的竞争对手的公司。此时客户只会认为，你不做这种生意了，但你的竞争对手还在做。"

在众多社交媒体（对于销售和营销）在整个购买过程发挥重要作用的例子中，这只是其中一个。在这种情况下，业务代表（BDR）寻找这些潜在客户的方式也是"有趣的"。换言之，尽管无约电话也是一种营销方式，但这种方式却因不具交际性，以致所有努力都付诸东流。

销售与授权

从我对销售的最早记忆来看，销售具有霸气专断的一面。电影《拜金一族》（*Glengarry Glen Ross*）中的亚历克·鲍德温（Alec Baldwin）就说，销售人员一定要成交（Always Be Closing，ABC）。（YouTube，2007）但是，对那些肯花时间上网研究，经常根据自己在网上掌握的信息而取消交易的买家而言，买家不会那么容易上当，他们不会轻易相信我们。买家会将你的产品与同类产品进行对比，并比较两者价格以及客户评价。他们很清楚自己在干什么，而你这个卖家却挡了他们的路。卖家要当心了。

这与我们销售人员的认知相悖。无论在哪个阶段，我们都努力推销，而且这种行为不能自抑，事实上，对买家而言，这是一种很不讨喜的行为。

CEB 在 2016 年做了另一项研究，并发表了一篇报告，名为《B2B 模式的革命》（*The Revolution in B2B Buying*）。（CEB 研究，2016）报告指出，如今买家已经彻底眼花缭乱了。两年前，做出 B2B 决策平均需要 5.4 人；现在人数涨到了 6.8 人。6.8 人才能做决策吗？如果只有 1 人，那么做出决策的可能性为 81%；如果有 6 人以上，则做出决策的可能性会降到 31%。对企业主、销售领导和销售人员来说，这将使你当前的预测处于危险境地。你最大的竞争对手是那些什么也不做或做不出决策的人。

B2B 下，为什么无人可以做出决定

如今，买家彻底眼花缭乱了。有购物功能的应用程序数量也在增加。2011年，营销技术全景图里还没有多少产品；现在却有超过 5000 个产品，在争夺客户的时间、注意力和预算，这个数字还在持续增长。（谷歌文档）

例如，2011 年营销技术相关产品有 150 种；2012 年有 350 种；2014 年有1000 种；2015 年有 2000 种；2017 年有 5000 种。

如果你关注一个子类别，如营销自动化，有低成本利基方案的人会把这一概念转卖给你，并推动其快速低质地实施。"买我们吧，我们的成本低，薄利多销，可以快速赢利。因为它在云端，几年后关掉它就可以了。"而其他销售人员会说："你需要从战略的角度来看待这个问题，小型利基产品浪费时间和金钱。你可以和我们合作，从小型投资做起，我们这种合作关系会维持 10 年之久。"

当你把个人得失和政治资本（不确定顾客是否愿意在上面投资）考虑在内，那么做出 B2B 决策的过程极其艰难，甚至难以实现，因为人们太过困惑了。

成交的艺术亟待突破

亚历克斯·洛（Alex Low，https://www.LinkedIn.com/in/alexanderlow/）讲述了他买车的故事。他已经在网上完成了新车配置，现在只需要和大众汽车（Volkswagen）的销售人员在以旧换新的基础上，商定新车的价格。我们发现（当然是在欧洲）你要做的不再是直接与买家成交，而是授予买家权利。然而，大众的销售人员认为洛还在购买过程的初始阶段，要求他重走僵化的购买程序。因此，洛离开这家店，在别处买了车。

越来越多的潜在客户（当然也有例外情况，稍后我会做出解释）希望得到专家的帮助和指导，因为交易成功不是专家的目的。

当人们进行网上调研时，他们不希望销售人员参与其中。我们都不希望成为推销的对象，而互联网使得我们能够在舒适的家中或者在上班的火车上做研究。我们知道自己想要什么，并且做好购买准备时，才会与销售人员联系。所以我们发现，如今顾客不想接受强卖，我们也无须强迫顾客接受。作为销售人员，我们的角色已经转变为顾客购买的授权人。

销售是暂时萎靡还是病入膏肓

依上所述，即使销售可能还没有走到尽头，但它萎靡不振的状态是既定的事实。买家可能会绕过我们进行购买活动（我们会在本书结论部分对此加以阐述，正文部分暂且不论）。人工智能（artificial intelligence，AI）似乎正在取代我们，我们对销售的"自然反应"让交易走向了终结。

我们有办法解决这个问题：

1. 假设一切都没有改变。2017 年，美国和澳大利亚在领英和社交媒体上展开了一场激烈的较量：一方是"电话推销者"，他们坚持说改变并未发生；另一方是认识到世界已经发生了变化的"社交卖家"（具有讽刺意味的是，这场战斗发生在社交媒体上）。电话推销者生活在幻想世界中，他们认为你可以打电话给公司主管，向他们推销你的产品和服务，之后他们会请你（一个陌生人）来喝咖啡，你正好可以借此机会向他们介绍产品或服务。

2. 善于操纵。作为目标客户，我们都接到过推销电话，此时我们无外乎采取以下做法：对许多人来说，本能的反应通常是粗鲁地挂掉电话，有些人也会选择购买。事实上，对买家信息的操控催生了一个新的行业（我们将在本书后面讨论这一点）。这个新行业可能会提高你的点击率，但它会增加你的销售额吗？

3. 要意识到世界已变，我们要高歌向前。

销售真的变了吗

我们发现，销售人员经常认为社交销售会取代他们。2015 年，福雷斯特研究公司（Forrester）有报告指出，22% 的销售人员将被取代。[霍拉（Hora）等人，2015]他们谈到搜索引擎如何取代销售人员。事实上，从上面的例子来看，为什么不通过网上自助服务销售交易性产品呢？

但销售人员总是需要做他们最擅长的事情：

1. 为征求建议书（RFP）和投标邀请函（ITTS）撰写精彩的管理摘要。

2. 将复杂的解决方案深入浅出地呈现出来。

3. 在整个公司中建立融洽的关系。

4. 利用公司一切资源促进销售。在所有合作过的公司里，最优秀的销售人员最擅长利用资源。事实上，每个人都想和最优秀的销售人员共事，因为我们都渴望成功。毕竟，成功是可传递的。

如你所见，销售人员仍发挥着重要作用，但销售的未来路在何方呢？

在蒂姆·休斯与马特·雷诺兹（Matt Reynolds）合著的《社交销售：影响买家和变革制造者的技术》（*Social Selling: Techniques to Influence Buyers and Changemakers*）一书中，他们提到了公司在互联网时代面临的挑战，以及销售人员能为现代买家提供的支持与帮助。该书集合了销售和营销两个话题，因为和本书话题一致，所以我们不打算对其详加介绍，但我们推荐你们可以将蒂姆的书作为拓展阅读材料。世界不需要另一本关于个人品牌的书！

在购物时，买家需要帮忙

如上所述，在整个购买过程中，买家会在网上花费 57% 的时间（CEB 研究，2016），在这期间，买家不想和销售人员产生联系。但是买家会通过其他途径征求建议，寻求帮助。例如，在亚马逊上，图书销量与评论数量直接有关。我的伙伴是一位热心的易趣（eBay）卖家，她尽职尽责地为买家提供服务，以确保她的产品和服务能得到五星好评。她的服务很好，所以买家给了她五颗星。而且买家购物时会通过第三方验证产品质量。

另外还有一个新网站，https://bravado.me，销售人员在这个网站上面，可以像在易趣、优步、爱彼迎上一样接受客户的评价。这是与客户联系的一部分，但最专业的销售人员也可能会因为差评被炒鱿鱼。例如，如果你已经把商品卖给了谷歌的财务总监，由于缺乏公共评价，脸书的财务总监无从得知他们是否应该接你的电话，购买你的商品。或者，如果你换了职位，你所在的新领域里的客户怎会像以前的客户一样对你青睐有加呢？

正如你在易趣上联系买家，或者在猫途鹰（TripAdvisor）上搜寻餐厅那样，买家也可以在领英或其他社交媒体上联系销售人员。因此，销售人员需要一个"个人品牌"。个人品牌不是个人吹捧。好吧，其实是吹捧，但这并不意味着傲慢自大，自私自利。个人品牌只是在告诉人们（买家），我们擅长帮助他们买到心仪的商品。

售出商品不是重点，一味推销会使买家望而却步

个人品牌的树立很是艰难，而且本书初衷也不是劝导人们为自己树立品牌。但品牌确实能引起买家关注。也就是说，要使你的社交媒体资料为你服务，你就要有吸引买家的能力，而非随便在网上找一篇文章填满公司简介。

授权买家

一旦买家与你联系，你就可以授权他们购买（此时并未成交）。卖家需要明白，买家在社交媒体上浏览相关信息后，其所下结论并非经过深思熟虑。如果卖家的线上品牌只是一份简历（想找工作的话人们会上领英，这种简历式线上品牌会让商家看起来像个垃圾邮件发送者），他们不会获得顾客的好感，顾客也没什么兴趣来了解他们。在做社交销售项目时，我们经常被问道："我们在领英上发送了多封站内信，但都石沉大海，这是为什么呢？"商家的简介经常给人以推销或是垃圾邮件的印象，在确定自己已被列为推销对象之后，买家还有什么理由接受站内信函呢？

现在销售人员有了自己的品牌

在公司品牌和授权买家（对公司而言）的条件下，公司员工成了品牌。事实上没有人会关心公司品牌了。广告和公司信息对买家而言无疑是噪音，每一家公司打着的"头号""业界最佳"等旗号只是一个空洞的概念。除此之外，之前我们讨论过，在购买过程中，客户存在着购买障碍，社交卖家已经意识到他们可以先人一步吸引买家、授权买家，实现盈利。正如一句古老的销售名言："人与人之间的联系在购买过程中起着主导作用。"或者正如布赖恩·克雷默（Bryan Kramer，http://bryankramer.com/）在 2014 年出版的书中所说："没有所谓的企业对企业或企业对顾客模式，这是一个人与人互相联系的世界。"

终极销售策略

在最近的一次培训中，我问我的学生，如果他们有无限的资源，那么他们会使用什么策略实现终极销售？虽然我问的时候略带"玩笑口吻"，但我的学生们一致认为，他们的"终极销售策略"是每天带顾客出去吃饭。这样，他们就可以在饭桌上向客户介绍他们的产品和服务。这种销售方式简直完美。正如人们在数字营销中所说的那样，他们肯定会得到客户"关注"的。

那么我们为什么不采取这种方式呢？

学生们很快向我解释说，这种销售策略操作性差；他们还提醒我，这也不利于保持身材。事实上，世界上有 5 亿名商务专家，所以当我提到，客户可以在第一时间想到你们公司的时候，他们都想知道具体做法。当然还有其他的建议。比如每天给他们打电话，或者每天给他们发电子邮件，但这样可能会惹恼他们。一位学生说，之前有一位顾客告诉他："我们会买你的产品，但别再给我们打电话了。"说起这种坚持给客户打电话的做法，这位学生很是骄傲。我们都认为这个办法似乎可行，但是并不长远且很冒险。

广告推销能否成为客户的首选

学生们提出的下一个建议是在谷歌、脸书、领英这些社交网络上投放广告。

所以我问他们："迄今为止谁用过社交媒体？"大家都举起手来。接着我问："谁一直在看广告？"这次没有人举手。为什么？我们用社交媒体只是出于兴趣。如果你在上面投放广告，似乎也没人想看。

怎样成为大多数客户的首选

那么，你怎样才能做到每天见到客户（用一种可行的办法）而不增加体重呢？很简单，你只需每天在领英等社交媒体上发布一些东西。你可能会想："那又怎样，谁在乎我发什么呢？"当你浏览领英订阅源时，对它是否有趣自然有自己的评判，对吧？

那些在网上"胡说八道"的人真的会在网络上谈论以供应商为中心的新白皮书吗？当然不是。我们都笑着摇了摇头，想着为什么那些可怜的销售人员和营销人员固步自封，仍然生活在 80 年代呢？你认为你的顾客在想什么？他们也会想："他们发布的公司相关信息为什么没有什么含金量？"对客户而言，只有自己是重要的。一些人听到这些之后可能会很震惊，但他们并不关心你、你的公司乃至你的产品。那么，你能做些什么来彰显自己的与众不同，让你的客户在他们的社交媒体订阅中真正把你列为关注对象呢？

小结：对发布的内容负责

无论你是读者、商业领袖、销售人员或营销人员，每个人一年 365 天、52 周、每周 7 天，随时都会看到你的社交媒体简介。人们会根据你的个人资料和你所发布的或未发布的东西来评判你，并草率地得出结论。他们会评判你是无趣还是有趣；是否有用、诚实、了解他们的行业、值得信任；当他们的项目出问题时，你是否能帮他们解决。

这本书不是让人们要有优秀的社交媒体简介，而是希望大家通过发布有趣的、有见地的"东西"来向人们展示未知的世界。这样，你每天都会成为所有客户、潜在客户和竞争对手的客户的首选。

如今，买家都在互联网上研究产品，而且避免自己成为推销对象。所以为什么一坐在办公桌前，我们就认为拼命追着客户推销商品是个好主意呢？

如上所述，我们过去使用的许多策略要么行将就木，要么无济于事，所以我们必须采取一种新的工作方式。

自我调查问卷

1. 你还在用互联网出现之前那种销售方式吗？

2. 你还在用连自己都讨厌的方式做销售吗？

3. 想象你是一个要买你所卖商品的买家，你会在网上阅读那些详细的产品介绍吗？

4. 你遇到的销售人员是不是利用互联网标榜自己，那样买家就会把他们看作是解决问题的金科玉律？

5. 销售人员一天可以做成多少单生意？

第三章

目前吸引客户关注的方式

你要比以往更了解客户，一定要非常了解，以至于在客户意识到所需之前，你已经可以向其说明他们需要什么了。

——史蒂夫·乔布斯（Steve Jobs）

在本章中，我们将探讨客户过去的购买方式，看看他们如何设立障碍来屏蔽营销人员和销售人员的信息；以及在当今这个互联网、手机、社交媒体普及的时代，他们现有的购买方式。我们还将谈论购买行为发生变化的原因，以及营销人员赢得潜在客户信任的方法。除此之外，还会讨论如何吸引买家（甚至是高级管理层）关注你的营销内容；人们在社交媒体上常犯的错误；以及在当今时代，开展销售和营销业务的成功之道。

以前，客户只能按照公司意愿接受公司的产品和服务。

营销的诞生与失控原因

20 世纪 30 年代，利奥·伯内特是营销行业的领军人物，他认为品牌需要"打动"客户。"打动"在此处意味着，以产品和服务对客户施加影响。

互联网还未盛行的时候，报纸上和电视上到处都是广告，消费者的生活也塞满了广告的宣传（因为这是产品吸引人们注意力的唯一方法）。广告商通过"关注度"来衡量广告的效度，即理论上关注广告的人数报表。

旧式营销理念

研究表明平均每份报纸有 1.5 人看，如果某一报纸发行量为 6 万份，按理说，应该有 9 万人可以看到你在报纸上投放的广告。而事实上，可能会有人选择忽视广告，或者不想被广告打扰，这也意味着，随着时间的推移，想要让客户消费者接受广告愈加困难。

实际上，利奥·伯内特的理念很简单。你在广告上投入得越多，客户对产品的了解就会越多，你对他们的影响越大，他们的购买欲望就会越强。电视剧《广告狂人》（*Mad Men*）里也充分展现了这一理念。

广告及宣传册

广告会给消费者留下深刻印象。我们都能记起儿时的某句广告标语，抑或是像"万宝路男人"这样的视觉形象——牛仔抽着烟在沙漠中骑行，往往让大家误以为吸烟是一件美好的事情。众所周知，吸烟会致癌，但不管我们吸烟与否，很多人都对"牛仔形象"记忆深刻。

十几岁的时候，我迷上了汽车，想要了解与汽车有关的所有事情。我会给汽车公司写信，假装有意购买它们的车，并索要一本宣传册。我敢肯定，很多公司都不以为意，把宣传册寄给我之后也就不管不问了，而我收到的信函皱皱巴巴的，因此可以肯定多数人并不会认为我是真的想买车。但是，想象一下，汽车公司打电话找"休斯先生"时，我父亲会说："我是休斯先生。"汽车销售人员会接着问是不是蒂姆·休斯先生，是否可以前来试驾。我父亲一定会告诉他，我只是一个 12 岁的孩子而已。

别忘了，这是一个互联网还未盛行的时代。我只能通过贸易展（我记得之前去过一个汽车展，得到了很多宣传册）或写信获得信息。

营销垄断信息的方法

这些宣传册（以及广告）是由营销部门编写的，旨在向客户宣扬汽车绝佳的性能。我记得福特塞拉（Ford Sierra）[新发行的一款汽车，取代了福特科迪纳（Ford Cortina）] 的广告口号为：人车一体化（man and machine in perfect harmony）。在我 12 岁的那个年代，我不知道成年人是否愿意相信这些宣传（但12 岁的我，还是会有些怀疑）。福特公司对汽车的了解一定多于我，但他们所说的一定就是正确的吗？回过头再看，可能当时我很幼稚。但是现在以一个 52 岁中年人的视角来看，每个人都是"事后诸葛亮"。

可以肯定，对此你一定会一笑而过，认为荒谬不堪。令人无可非议的是，即便是在当今的人工智能时代，也不能实现人和机器的绝对一体化。

从一开始，消费者就经常受到各种信息的轰炸：我们的产品最优质；我们的公司排名第一；我们公司的规模最大。一家招聘公司曾经告诉我，因为他们的办公场所最大，所以他们公司也是最好的。而我看不到，公司规模与产品质量之间有何关联。他们却对此极为认真，认为这两者之间的确存在关联。

如果你知道有哪家公司标榜在世界上排名第二，请联系我们。

在过去，不管人们是否赞同该营销方式，他们还是会观看广告、浏览包含宣传册在内的营销内容，最终购买公司的产品。更为重要的是，除此之外我们没有其他获取信息的途径。而在今天，我们可以在网上自己配置汽车，从颜色、内部构造，到车轮罩；我们还可以在笔记本电脑上看汽车的三维图像。我们了解这些未知信息之后，可能会决定要买这辆车，不必再像之前那样，只能从汽车公司的销售人员中获取信息。

营销失控的原因

事实上，我们现在都已经厌倦了营销，这已经成为一种困扰。消费者自己可以通过多种渠道得到信息。社交媒体［诸如脸书、领英、推特、Reddit（社交新闻站点）、Pinterest（世界上最大的图片社交分享网站）、微信、YouTube等］以及互联网，都是获取信息的绝佳渠道。

客户会从社交媒体和互联网上，以及诸如谷歌和必应（Bing）这样的搜索引擎上查找资源。客户熟知可以买到心仪产品的渠道，如他们想要购买光盘和书籍时，会从亚马逊上购买，而非谷歌。

社交媒体和搜索引擎的信息对外开放，客户可以在此查找与产品及服务相关的内容，找到无穷无尽的信息。客户可能最后才会浏览公司的宣传册（在网上可以找到）。客户查找的评论和文章，可能出自普通公众，也有可能源于第三方平台，以及一些重要人物。

如果希尔顿酒店（Hilton Hotels）告诉你，他们是佛罗里达（Florida）最好的酒店，你可能会相信他们；如果你是我的朋友，我告诉你佛罗里达的希尔顿酒店是最好的，那么你更有可能预订入住。要是公司的营销部门告诉你，他们有世界上最好的产品，由于客户对这种推销手段司空见惯，他们会不予理睬；要是公司的员工跟你说，他们在为世界上最好的公司工作，你会将信将疑（即便他们所说的可能带有感情色彩）。但是，如果公司员工写出有理有据、热情洋溢而颇有见解的博客，你会相信他们，并通过网络转发，进而扩大信息的影响力。

我们中有多少人是通过第三方评论了解一家餐厅的？又有多少人是由于评论而从亚马逊购买了一本书？你可能不认识这些评论者，但他们的认可无形中产生了一种"光环"效应，促使你愿意去购买。如今，我们不再关注平淡无奇的"品牌信息"（同时也是"枯燥的信息"），公司的营销也因此陷入了困境。

营销部门未涉足的探险领域

暗社交（dark social）（并不像它听起来那么黑暗），即 WhatsApp（聊天交友软件平台）群组、Facebook 群组、领英群组、Slack（团队协作工具）群组、Yammer（企业私人社交网络产品）群组等。

在开始下一步的讨论之前，我们最好先定义一下"暗社交"，这并非一个网络罪犯出没的地方，但他们可能也会出现在这里（我们在网上都需要小心）。暗社交不准许非群组成员进入，因此，在暗社交里，营销人员不能像在社交网络上一样，追踪内容分享扩散的方式。

在 WhatsApp、Facebook、Slack 等平台的私人化社交网络中，人们只能通过邀请加入群组，因此，在购买意向及寻求未来购买建议方面，你可以在这里与人们更坦诚地交流。

简而言之，许多家庭都建立了 WhatsApp 群组，在照顾孩子、在购物中心门口找人接送，以及促进朋友及家人的交流等方面，群组的确发挥了合作与众包的作用。群组也可用于传播思想。上届英国大选中，英国两党都使用群组作为传播信息的方式，人们也会进一步在社交媒体上分享这些信息。例如，工党提出的口号先是在积极分子的群体中传播，之后又传播至社交媒体，其效应得以不断增强。同时，这些信息更像是来自于普通民众，而非政治机构。

买家只关注他们感兴趣的事物

买家在物色产品和服务时，不管它们的受众面有多小，通过访问互联网和社交网络，买家都可以找到想要的产品和服务，无须联系公司或销售人员。实际上，我们会主动避免与企业、公司、销售人员接触，因为他们会向我们推销产品，而我们讨厌这种推销。

最近，我们的一个朋友购买了一辆汽车。她首先上网确定了车型、样式及品牌，之后还到社交媒体（Facebook）上向亲友寻求建议：他们支持这一选择吗？是否有推荐的经销商呢？

实际上，是她朋友和家人的建议影响了朋友最终的决定。最后，她决定从一家距离并非最近的经销商那里买车，因为其社交媒体上的评论和讨论，都告诉她从当地经销商那里买车并非明智之选。

客户掌握产品购买大权

刚才我提到的内容，对于营销人员和销售人员而言，是一个梦魇。人们可以依据互联网上的数据、亲朋好友的意见来决定（可能会）买其竞争对手的产品，但是他们却无能为力。

买家主控产品购买的时代

据 CEB 称，买家在联系公司询问产品信息时，已经完成了 57% 的购买进程；而他们在联系公司时，也不会再要求公司提供宣传册。（CEB，2016）

但这一比例不一定恰好是 57%，你可能会更早联系公司，或者像上面提到的汽车例子，你会在网上自行对车进行研究和配置，这可能都已占到整个购买进程的 80% 到 90%。曾经有人来找我，对我说："我们在 YouTube 上见过你，你有时间到我们的销售会议上致辞吗？"我们的讨论仅仅停滞在价格和时间的安排。

除 57% 的比例之外，还有一种是 37%——客户完成购买过程的 37% 时，就能了解自身的需求。（斯潘纳和施密特，2015）买家进行自主购买时，会在网络和社交媒体上调查产品及服务，研究相关的文章、评论、博客、视频、网络研讨会等内容。同时，和浏览亚马逊、爱彼迎、易趣等网站上评论的方式一样，买家也会关注有影响力的评论。

有影响力的可能是公司如高德纳、普华永道（PWC）、毕马威（KPMG）、埃森哲（Accenture），以及一些知名人士，如特德·鲁宾、布赖恩·索利斯（Brian Solis）或本书的作者，以及上文提到的同事、家人和朋友。

客户有 37% 的进程都是在做调查。如果客户想要度假，比方说他们想去西班牙，他们会先在网上查询酒店和航班，浏览并查证与之有关的评论。他们也可以提前感受一下行程安排，比如潜水、山地自行车、骑马，甚至是在海滩上沐浴阳光。他们无须详细了解某一家假日公司，而是可以直接与多家公司沟通。他们能自行在海滩上的冲浪小屋预订位子。

一般而言，当客户完成购买进程的 37% 时，他们已经明确了自身的需求。如果卖家在这一过程中未吸引客户，客户就会对其置之不理。我们之后会详细论述这一话题。

社交媒体的广泛应用

回顾一下 2017 年 8 月"互随"（Hootsuite）和"我们社交"（We Are Social）的调查结果。（肯普，2017）

在这个互联网时代，社交媒体高度发展。世界上有 38.19 亿人都在使用万维网，占到总人数的 51%，这其中有 27.8 亿的人在互联网上非常活跃，占到总人数的 37%。在写作本书之前的 3 个月时间里，又有 1.21 亿人开始使用社交媒体。西方国家的多数读者读到此处时，可能会认为社交媒体止步于此或者发展速度趋缓，可实际上，使用社交媒体的人数正在迅速增长。前几天有人对我说："不使用社交媒体的人，过着与世隔绝的生活。"他们还说："不使用社交媒体的人不值得信任。他们在尝试隐瞒什么呢？！"

谷歌和脸书为了寻找新的用户，正投资未普及互联网地区的 IT 基础设施建设。推特已经创建了一个可在非洲使用的精简版网站。

即时通讯改变客户行为

社交媒体蓬勃发展的原因是，世界各地的人们连接互联网更为便捷；同时，人们也可以使用手机连接互联网，使用社交媒体、应用软件及数据服务。

2016 年 12 月，我们在吉隆坡开展一些培训课程，要求参与者听课时要带上笔记本电脑。听课的 12 名学生中，有 3 名学生没有带笔记本电脑，而是通过手机来查找所有信息。

2017 年 8 月"互随"和"我们社交"的调查显示，每天几乎都有 65 万人使用手机注册。每部手机每月使用的平均流量是 2.3 千兆字节，相较去年增加了 70%。

对于世界上 2/3 的人口来说，手机是最不可或缺的设备。手机里包含社交媒体、游戏、应用软件（像网上银行等应用程序），应有尽有。

买家行为的变化

在手机的影响下，当代人的购买方式与以往迥然不同。买家可能会先上网了解产品的相关信息，再在商店或是展厅购买；抑或是先在实体店试穿，再从网上购买。而互联网在这两种购买过程中都是不可或缺的。买家会在网上搜索最好的产品、最合适的价格；买家在商店，会扫描产品的二维码，以发现是否有其他商家提供更优惠的价格，最后他们可能会在另一家店铺或是网上购买产品。在 B2B 模式下，互联网影响了买家的整个购买过程。

买家全程掌控购买流程

事实上，没有人愿意接受推销或营销。如今是一个技术大爆炸的时代，人们普遍使用社交媒体和手机，刻意避开销售人员，对企业的营销信息视而不见。

过去销售人员销售产品的唯一途径就是"接触"客户。同时，买家了解商品或服务的唯一途径也是"接触"卖家。卖家以信息来干扰买家，以达到销售的目的。比如你正忙于一个大规模的表格计算，不想为电话铃声所打扰，这时有销售人员给你打来推销电话；抑或是你正看到电影的精彩情节，这时插入了广告，你一定会迅速跳过这些，不予理睬。我们经常使用互联网，因为互联网对我们而言触手可及。在本章的前半部分我们探讨过，由于公司总是标榜它们是最好的公司，发展速度最快，买家不再相信广告了，并将其视为垃圾信息。

"网守"的兴起

"网守"（gatekeeper）是什么？"网守"是指秘书、私人助理、留言电话、语音信箱、垃圾邮件过滤器、广告拦截器，及所有阻碍销售人员与潜在客户进行沟通的渠道。近年来，人们的时间宝贵、事务烦琐，"网守"的角色越来越重要，他们在客户需要时阻碍垃圾信息，以保证客户不会为销售人员所打扰。我们从与许多秘书的交往中得知，公司的领导平均每天会接 20 到 50 个无约电话，其中秘书会将大多数电话（但并不是所有的）直接拒之门外。

实际上，销售人员现已成为"销售黑客"，他们掌握了一些可以避开障碍的好办法，比如他们能找到企业高管的邮箱、电话号码。在早上 8 点就给他们打电话，而那时高管的私人助理还未开始工作。

　　人们不断想出新的办法来避开销售，销售人员打通电话也愈加困难。之前，销售人员需要每天打 50 个电话来确定具体的会面次数；而近些年出现了"无约电话膨胀"现象，销售人员每天需要打 80、100，甚至 120 个电话。有些公司使用拨号软件，不再需要销售人员亲自打电话，接通电话之后，软件会自动给另一个客户打电话，类似于工厂的工作流程。

　　事实上，一个素不相识的销售人员给企业高管打电话，向他们推销产品和服务，高管会同意与他们会面，这无异于痴人说梦。领英网上的确有人认为无约电话也在发挥作用，可随着签约规模的扩大、购买时长的增加，无约电话的效率也会降低。

买家大权在握

　　25 年前，我刚接触销售时，销售还不像现在这样复杂。销售人员根据客户的需求生产产品、提供服务。厂家以其独特的卖点，抢先竞争对手一步，得到客户的青睐。但实际上，由于采购部门想以最低的价格买到最优质的产品，它们在做决定时仍会货比三家。由于客户有不甚了解的购买流程，销售人员会对其进行指导。

　　如今情况大为不同。在销售人员接触客户之前，客户已经在网上完成了购买过程，选好了他们心仪的产品。

　　电影《拜金一族》中销售人员拜访潜在客户时，向客户宣扬，这笔交易就是为他们量身定做的。阿尔·帕西诺（Al Pacino）扮演的里基·罗马（Ricky Roma）这一销售角色，约客户在酒馆喝酒，使其卸下防备，在酒酣耳热中让客户签了他的单子。

　　今天，销售人员面临的问题是，买家不再无知；实际上，他们会自己在网上完成一部分（并不是全部）的购买过程，而销售人员对此却一无所知。买家联系销售人员时，他们已经充分了解产品、服务及卖家的竞争对手。买家会比较同类产品的价格、向同事了解他们对产品的评价、在 YouTube 上搜索相关视频。现代买家的购买经验极其丰富，而这让意图推销的销售人员不知所措。买家厌恶推销，甚至极力避开推销。

如今，销售人员需要授予买家购买的权利。买家在网上查询产品时经常会感到困惑，他们也需要在帮助和指导下来做出决定。

仔细斟酌一下，我们都会上网调查心仪的产品，从汽车到价值百万的企业系统。事实上，产品价值越高，我们就越倾向于上网对其进行调查。

买家在挑选产品的同时，也在筛选产品

正如买家会在网上挑选心仪的产品一样，他们也会排除相对不中意的产品。在上文中我们也提到过，CEB 调查显示买家经过 37% 的购买进程后，能够大致确定心仪的产品；买家经过 57% 的购买进程之后，已经下定了决心，这时，他们不会再对销售人员持抵触态度，而会主动联系销售人员。

当销售人员想要从另一个销售人员处购买产品，或者要找一份销售工作时，因为销售人员沉迷于一定成交的幻想中，最后结果可能会事与愿违。例如，有一次我们与加拿大的合作伙伴谈判时，他们也在与另一个销售人员谈判，但最后他们是与我们签订了转售合同，这也并未让另一个销售人员感到意外，因为他过于守旧了。

个人品牌实现一对一营销

买家不再盲目听信卖家所言。那对卖家而言，达成交易的秘诀何在？

人们在选购产品时，更倾向于从亲朋好友处购买。而他们通过浏览推荐或评论，最终决定购买的可能性占 71%。[亨氏营销（Heinz Marketing），2015]了解买家对销售而言大有裨益，但猫途鹰和亚马逊也向我们证明了，情况可能不容乐观。由于买家需要确保交易是值得的，销售人员和营销人员必须要赢得客户的信任，才能完成他们的业务。也就是说，买卖双方之间存在某种"价值"交换。

让买家得以信服的方法之一，就是销售人员在买家心目中树立一个专家的形象。销售人员原本就是专家，他们对产品的了解远多于买家。在上文中我们也谈论过，现代买家完成网上调查之后，需要一些帮助和建议。如果销售人员借助线上个人品牌，树立起专家的形象，买家可能会向其寻求帮助。但切记，不要小看现代买家，也不要忘记他们十分精明。如果买家认为你在推销，或者你不值得信任，他们就会将你束之高阁。

现代卖家应如何把自己"包装"为解决买家问题的"万灵药"呢？

个人品牌使销售人员成为专家，但那些品牌并不只是虚张声势、自吹自擂。本书也并不旨在创建个人品牌。简而言之，销售人员应该在社交媒体上宣扬自己，这样当买家发现你时，会马上断定你有能力解决他们的问题，而让他们信任的前提是你值得信任。切记：人们想要得到的是帮助，而不是销售人员长篇的企业语言和行话。

一对一营销

虽然现在营销人员谈论的是"超个性化"（hyper-personalized，即应用大数据中的个人信息来满足客户的个性化需求），但这不同于一对一营销。"一对一营销"不是一个新词，塞斯·戈丁在《许可营销》、唐·佩珀斯与玛莎·罗杰斯在《一对一实战手册》中也都提到过，未来营销人员会充分了解客户，为客户提供个性化服务。

这不同于过去那种"广撒网式"的无约电话模式。网上有客户的详细信息，营销人员可以据此提供专属服务，以满足客户的需求。营销人员可以写出最好的文案，由世界上最好的机构设计出最好的图像，但你要是写错了客户的名字，客户就会对你置之不理。

更妙的是，由于买家现在可以自行上网调查，做出选择，很多卖家都采取了集客式营销策略。如今，不需要卖家再提供外展服务，买家会主动找你寻求帮助，他们可能会直接在公司官网上提问（你会推荐谁来回答问题呢？），或者是浏览网上的推荐。

交换价值

虽然"价值"一词经常被滥用、被误解，但在买家的购买过程中，也存在价值的交换，这不仅指用金钱买到商品和服务，同时买家也是在用时间（我们拥有的时间并不多）来得到同等的回报。卖家像老师、顾问，更像一个朋友。我想买一些有重要价值的事物时，会首先确认自己是否了解这件产品，而此时指导、帮助我的销售人员会为我指点迷津，他们更像是我的朋友，因此我更愿意从他们公司购买产品。

销售无等级化，拉近客户距离

卖家在与买家接触时，要注意拉近与买家的距离。卖家应避免像过去那样，向客户宣扬自己是无所不知的；相反，他们应该更关心客户对产品的了解程度，这有助于判断买家的购买进展如何，让买家拥有购买的权利。

卖家使用行话或公司内部语言，极有可能会疏远买家。例如，在会计软件领域，我们可能不了解其具体工作，但我们都了解会计的工作，也能理解会计应该会使用会计软件。由于软件供应商想要给每个软件起由 3 个首字母组成的名字，有人提出了术语 ERP（Enterprise Resource Planning，企业资源规划）。ERP 其实就是会计软件，只不过这个称呼更高端，你赞同吗？

"我是一个 ERP 销售人员"听起来比"我是一个会计软件销售人员"更高端，供应商也这么认为。客户知道会计这个职业，却不知道 ERP 所指何物。若不考虑这一点，这个名字起得不错。之前有公司在政府目录中（以 EPR）注册其软件，公司的客户抱怨他们找不到产品，因为他们一直在找会计软件。

销售无等级化

销售是同等级的人之间展开的一场对话，即点对点销售。这也代表经理只能和经理对话，这又被称为"多层次营销"。这种营销的工作流程是怎样的呢？销售人员会主动接触客户，而如果客户是公司高管，他们可能不愿与"普通的销售人员"沟通，因此销售人员会被安排接触高管的下层，同与他们处在同一层级的人沟通。

在此情况下，销售人员需要让其经理参与销售，因为其需要接触的客户也是经理，他们之间可以进行对话，建立起一种融洽的关系。但在社交媒体的时代，等级差异不再明显，在很多地方也不再存在等级差异。这对于渴望平等的销售人员而言，是一个好消息，原因何在呢？"思想领袖"（销售人员）也可以同企业高管对话了。

如果我们进一步谈论网上个人品牌，销售人员和营销人员成为"思想领袖"之后，高管不仅愿意接触他们，还会积极联系他们。例如，周四我们通过社交网络主动接触一家资产达几十亿美元公司的总经理，并与他进行会面；下周二，我们又与他所在公司的营销总监与公共关系主管进行了会面。

实际上，这家公司的总经理聘任我们为其构思一个社交销售计划，在项目的启动会议上，他也谈到了预约电话不起作用，而社交销售却非常有效的原因。实际上，他不赞同主动推销，认为这样做毫无意义。

通常，销售人员的职责就是让潜在客户和客户了解产品，向他们介绍一些原本不了解的信息，而销售人员或营销人员成为各自领域的"思想领袖"之后，他们自身就被赋予了价值。想要成为"思想领袖"并非易事，但是在当代社会中，"思想领袖"可以缓解社交世界中集客式营销和推式营销存在的问题。

小结：策略上的渐进改变还不够

本章我们讨论了随着互联网的盛行，买家的购买过程是如何发生改变的，他们都会上网查询心仪的产品和服务。逐渐地，公司和销售人员也意识到这一趋势对营销和销售过程的影响，进而采用了社交销售和数字化营销来应对这一变化。他们做出的改变大多在微观层面，是个人和部门在策略上的一种渐进的改变，而这些还远远不够。

自我调查问卷

1. 互联网时代，买家大权在握，在他们所有的购买过程中，你的公司是否通过富有洞察力和教育意义的内容、博客及视频来指导买家？

2. 你的公司是否充分给予员工言论自由、发送推文、发表博客的权利，让他们庆幸这样的工作机会是多么难得，从而激发他们的工作热情？

3. 如果你得到一个潜在客户的联系方式，你会认为他是刚开始购买，还是已经经过一段购买过程了呢？你的营销和销售过程足够灵活吗？你会预设营销和销售的走向吗？

4. 你所采用的是"超个性化"营销还是"一对一"营销呢？

5. 你的公司的营销、销售及其他部门的员工，是否会为潜在客户和客户创造价值呢？

第四章

销售心法：营售一体化模式

我们每一次接待客户，都关系着他们是否会再度光顾。因此，我们要好好表现，否则就会失去他们。

——凯文·斯蒂尔茨（Kevin Stirtz）

本章的着眼点将从实行营售一体化模式的原因转向其具体操作，并介绍一些新的概念和术语。正如前文所述，互联网正在推动变革，销售和营销需要随之改变。虽然"要么做出反应，要么坐以待毙"（react or die）这种说法有失偏颇，但我们发现固守传统销售和营销方法的公司确实跟不上时代潮流。

本章我们会谈到，将销售主管和营销主管角色合二为一的必要性；创建一种综合营销和销售的新语言的方法；将销售渠道视为一个脱离销售和营销的独立过程的必要性。除此之外，本章将介绍一种基于账户的技术，以使公司能够紧跟新的购买趋势，认清传统营销和销售中一对一交易的方法已不合时宜，如今买家大多都是以团队和企业为单位进行购买的。

根本原因：与客户建立密切联系

大多数企业设置了销售部和营销部，并交给有经验的行业专家管理，两个部门各司其职、各展所长。这种方法使得各部门可以自主发展，看起来可能非常合情合理。销售和营销需要不同的技术，应用不同的方法，因此将管理和领导分开似乎是正确的选择。这样，两个部门都能根据其资源状况和技能专长制订战略、做出规划并贯彻落实，以最终实现目标。

> 通常在大企业中，中心企业营销部门非常清楚各地区需要的产品，有时也可以做到营销业务与客户需求高度吻合。但在两者出现分歧的时候，怎么办？在我看来，应该以客户需求为中心。

> 如果我们遇到特定的产品营销目标与地区需求相悖的情况时，我们会以客户为中心，那么谁赢了呢？在这个特殊的挑战中，我们选择始终恪守"客户赢"（the customer wins）这一原则。
>
> 里安农·普罗瑟罗

然而，当我们仔细审视现有的规范时，你会发现：企业若想取得真正的成功，就要与买家建立更为密切的联系，以维持自己的竞争优势。全球竞争环境日益激烈，企业比以往任何时候都更需要联合营销和销售团队来增强其竞争优势。相较于之前的口口相传，互联网使买家能够更快地了解信息。在数字信息的强大干扰之下，除了资金最雄厚的品牌，其他所有品牌对买家而言都是大同小异。未来，这项业务将面临更大的挑战，因此我们需要做出一些调整以使企业能够更有效地利用资源。

我们经常听到许多大牌企业倒闭的新闻报道。这些企业以某种形式的财务失败告终，而导致它们破产的原因多种多样。但在这之前，这些企业无法吸引顾客的情况可能已经初露端倪，因此，它们开始失去客户基础并最终走向破产。企业观念越保守，就越不能理解这种情况，对推动业务变化的原因也缺乏全局把握。

美国的百视达、德国的施莱克（Schlecker）和英国的名爵罗孚（MG Rover）等大品牌都因不了解客户需求而面临倒闭。由于这些公司内的各部门没有全面了解情况，变革也不够彻底，因此，即使做出调整也无法力挽狂澜。罗孚集团（Rover Group）以及之后的名爵罗孚就是这方面的典型。在5年时间里，名爵罗孚的市场份额减少了3/4。在1996年到2006年这10年时间里，这家大品牌的销售额降低了90%，濒临破产。

企业破产的原因要从何说起呢？虽然破产原因多种多样，但企业不了解客户的需求，生产的产品也无法满足市场的需要，这无疑是其破产的导火索。

2000 年的一份工会评论一针见血："罗孚汽车的问题在于销售。"《路的尽头：罗孚垮台的真实故事》[*End of the Road: The True Story of the Downfall of Rover*，布雷迪（Brady）与马林斯（Mullins）合著，2005] 一书全面展示了罗孚垮台历程及背后的其他原因，以便读者可以深入了解导致企业倒闭的多重因素。顾客对企业生存而言至关重要，然而企业的主要业务却与顾客脱节，因此企业要将销售与营销相结合以保证其实现更好的发展。在这个即时通信盛行的世界里，变化速度极快，任何一家企业都必须在运营上将销售与营销相结合以保证市场份额，维持客户基础，规避潜在风险。

企业未来：关键在于营售一体化

同时管理销售和营销的领导——首席营售官

要提高现代企业的效益，最简单的方法是将销售和营销两个部门进行合并，以往那种将顾客参与和顾客管理分立的方法无济于事。我们会对部门合并的好处详加论述，但关键是营销部门和销售部门在与客户互动的过程中要协调一致，以提升客户体验质量。两个部门要交给同一个领导管理，这是部门合并的第一步。该领导负责所有的营销和销售事宜，这种角色统一可能也是一种进步。首席营售官（Chief Smarketing Officer，CSO）这一角色的诞生为部门合并提供了灵感。各部门业务目标不同，企业组建团队的方式也各不相同。但是，实行统一领导的前提是，定义这种新的组建方式，以弥合销售和营销之间的历史差距。

首席营售官会首先推动部门改革，重新安排并激活这一组合部门的职能，建立一致的报告体系和关键绩效指标（KPIs）。这并不是要替代原有的关键绩效指标，即在与客户互动的过程中，先得到客户的关注再逐步与其达成交易，而是要建立端到端的衡量标准和汇报制度。为了全面评估企业在市场上的成功度，企业需要建立这种端到端视图，这与测量内容或过程步骤无关。

追根溯源，为什么要将销售与营销结合，其中的缘由简单有力——部门合并促使董事会和其他商业决策者着眼长远，从而对企业实行更有效的领导。任何一位首席执行官都会仔细查看财务数据和销量信息，但他们是否会详细审查其他指标呢？根据我们的经验，他们很少会这样做，而且这种情况在大公司尤为典型，因为财务数据才是衡量首席财务官工作能力的关键指标。但将这些其他数据的解释权交付给各个业务主管会不可避免地影响企业的长远发展。

首席营售官能够帮助董事会更为全面地看待问题，与首席财务官互为补充，以全面展示顾客契合的其他关键指标。实际上，顾客契合度最能说明企业发展是否健康。一名成功的首席营售官需要具备以下特质：

表 1　首席营售官特质

特质	概要	重要性
销售经验	端到端地运行商业流程	中等
营销执行	开展营销活动或重大活动	中等
商业策略	制订、调整业务计划，并贯彻落实	极高
财务管理	从目标和预算两方面管理巨额财政资金	高
变革管理	领导多维的、复杂的变革项目	极高
利益相关者管理	管理并进行有效的跨部门沟通	高

网络流量的增减可以对这一点进行很好的说明——网络访问量的减少意味着未来几月的销量会下降。买车时，你曾多次访问各家汽车厂商官网，并使用工具建构自己的理想汽车。在做决策时，你可能经常上网搜索，而网络访问量是衡量企业未来销售业务成败的一个重要指标。但在董事会层面，他们真的将网络应用上销售的汽车数量视为未来销量的最重要指标吗？显然这是不可能的。市场部掌握信息后，会不遗余力地采取一系列措施来提高应用程序的访问量，提

升用户使用体验，并致力于推动后续的电子邮件、横幅广告和其他互动策略，但也仅限于此。他们不会将此信息告知销售团队以及经销商的销售团队，而本区域销售额的减少意味着他们应对外来经销商予以特别关注，提供更多服务。销售和营销之间存在很大差异，应采取不同的度量标准。

销售和营销的传统划分

在对销售部和营销部进行整合时，我们需要调整很多领域并关注其职能交接，但在此之前，我们要重点关注在与客户的互动过程中，销售部和营销部原有的交接区域。观察参与漏斗（见图1），我们可以发现在 BQL（Business Qualified Lead，商业合格线索）与 SQL（Sales Qualified Lead，销售合格线索）之间有一个交接点。任何一个企业在与客户的接触中总会有一个点，在这一点后，顾客的支持对象从营销部门转向销售部门。这是向营售一体化转变的重点，管理者应对其进行优先处理。

MQL、BQL 和 SQL

接下来，我们要谈论的是 MQL（Marketing Qualified Lead，营销合格线索）、BQL 和 SQL。在销售和营销协同合作的新潮流中，公司需要就线索达成共识。我们经常举这样一个例子：营销部举办了一场活动，如果客户将自己的名片放到需求箱中，他们将获得一瓶香槟，之后这些卡片作为"线索"到了办公室销售人员手中。在对这些线索进行一段时间的追踪后，销售人员发现，这些客户只是想赢得一瓶香槟，对公司提供的商品或服务没有什么兴趣。通过某种形式的销售资格认证可以清楚了解客户需求，而提供香槟酒并没有做到这一点；如果不了解客户的预算、权利、需求和时间安排（BANT），我们就无法使用主要的销售资格方法。总的来说，虽然营销人员会说这一切有利于帮助客户认识品牌，也给了销售人员一个向顾客推销商品的机会，销售人员却认为这纯粹是浪费时间。

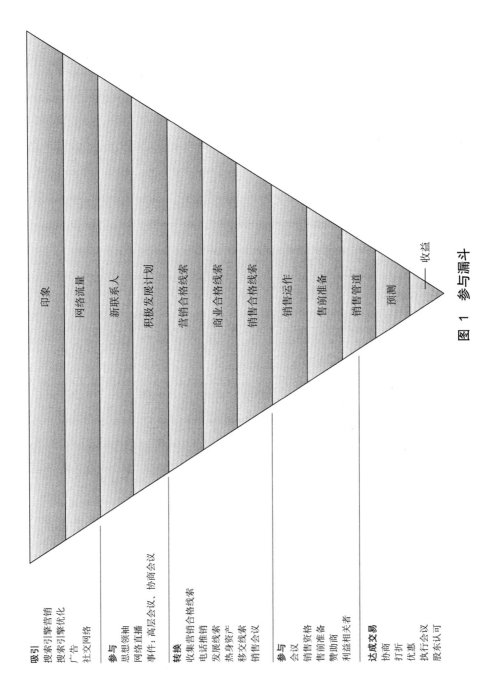

图 1 参与漏斗

吸引
搜索引擎营销
搜索引擎优化
广告
社交网络

参与
思想领袖
网络直播
事件:高层会议、协商会议

转换
收集营销合格线索
电话推销
发展线索
热身资产
移交线索
销售会议

参与
会议
销售资格
售前准备
赞助商
利益相关者

达成交易
协商
打折
优惠
执行会议
股东认可

因此，在营售一体化的新潮流下，我们要对"线索"下一个定义。MQL是那些名片，或者是电子表格上的名字。在与顾客取得联系后（联系顾客的通常是内部销售人员），销售人员就会通过某种资格认证流程对顾客进行管理。预算、权利、需求和时间安排就是一个例子，这种例子不胜枚举。他们想分析出那些为了赢得一瓶香槟而把名片放在盒子里的顾客，以找到那些真正对该产品有兴趣的顾客，这些顾客才是 BQL。然后，BQL 被移交给销售人员，一旦满足要求，它们就成了 SQL。有时，整个过程需要参考客户关系管理系统数据，而新的 SQL 丰富了这些数据。

销售和营销的交融，需要一个理想的客户标准

销售和营销相结合时，需要牢记一项重要原则：对客户下一个恰当的定义。然而在 B2B 公司的参与漏斗中，对客户的定义可能并不准确，这一点在 20 世纪 90 年代末和 21 世纪初客户关系管理系统的历史实施中就已初见端倪。

在客户关系管理系统中，公司会根据最低级别实体（即联系人或个人）对参与周期进行界定。但实际上，在 B2B 公司中，这些实体是一个目标企业。因此，整个参与周期和它的支持系统需要着眼于目标企业，而非个人。我们要以企业参与为基础，这是一个全新特征。由于许多用于管理客户的技术解决方案同时适用于 B2C（直接面向消费者销售产品和服务的商业零售模式）公司和B2B 公司，因此无论你的业务是什么，都要有客户中心意识。

一个例子是，一个实习生在一项新交易中负责联系买方公司。这个项目耗资巨大，可能要花上几百万美元，但买方公司认为这是一个好项目。实习生联系了许多厂商，但是这些厂商未能如愿成为销售商的重要合作伙伴，因此MQL 未能取得实质性进展，或在 BQL 阶段因未通过资格审核也陷入举步维艰的困境。

因此，相较于个人需求，流程设置要尽量满足交易公司的要求。这是我们要面临的一项挑战。然而，这可以借助技术支持来进行组织协调，并通过正确

的汇报流程来推动客户的自主决策。

这一点，可以在运输公司购买卡车的过程中体现出来。首先，运输公司的车队经理通过浏览网站得到对卡车制造商的第一印象。通过公司网站，车队经理可能会进行相关研究，注册完善车型信息，或者参与一个由制造商举办的活动得到更多信息。从这一点看，车队经理处在客户关系管理系统中，卡车公司会根据公司营销流程对其进行跟踪调查。一旦车队经理对商品有了充分的了解，成了 MQL，即潜在客户，就会成为卡车买家。之后，初级销售代表或电话营销人员可能会对这一点进行确认。销售代表会安排与买家的会面时间，提高买家参与度，之后提出相关方案促使交易达成，从而在同行中胜出。

这个对参与过程的基本构想看似合乎逻辑，但忽视了制造商实际上是在向一家公司推销，而车队经理只是公司代表。而实际上，会有更多人参与到购买进程中，但这些人只有在销售代表组织开会时才会出席。

正因如此，整个公司需要参与和跟踪购买过程，以汇集所有员工的意愿。无论是在年度报告中发表提高车队能效声明的首席执行官，还是因公司司机流动率高（可能由旧车队库存造成）而招聘人才经理的人力资源部门，都要参与这一过程。对于一个 B2B 公司而言，个人参与是不可取的，整个公司都应该参与这一过程。

建立流程来解决参与周期中的各种问题是整合销售与营销的一个关键驱动因素，这直接影响公司的竞争力和盈利能力。

整合结构：业务、活动及首席营售官

在很多公司，销售和营销是两个截然不同的部门；销售部门着眼于盈利，而营销部门更看重的是创造力。如上所述，公司需要整合两个部门，这个主意很好，而且能满足市场需求，这正是我们对由互联网造成的客户购买障碍的回应。

整合销售和营销业务

客户的购买方式已经发生改变，因此，原来那些彼此独立的、在购买过程中起辅助作用的部门需要进行协作。运营团队就是一个很常见的例子，它因部门重组而收益颇丰。营销部专门从事网络统计、分析第一方和第三方数据，虽然它通常处于客户参与漏斗统计顶部，却没有好好利用分析结果。同样，注重效率、进展以及参与指标的销售业务，在大多数情况下没有分析哪种类型的机会最有成效，销售代表需要对此多加关注。将这两个部门进行合并，有助于在整个参与过程中审视各种因素，从而专精于一项业务。如果组织得当，那些对部门整合的分析隐藏着的巨大信息量，可以对首席财务官向董事会提交的报告进行补充。

销售和营销活动整合

再次强调一下，"关注"是现代销售与营销相结合的终极目标。

还有一个办法是将营销活动和销售活动合二为一。有趣的是，销售和营销并非一直关联密切，公司规模扩大往往得益于对单项业务的需求增加。

随着业务发展，各级领导会招收更多员工以应对当前挑战；领导行事风格越是保守，部门效率就越是低下。除了这一常见弊端，扩大规模也不利于各部门实现其功能。将销售和营销结合为提高效率和专注度提供了大好机会。销售团队经常在某一地区根据不同行业特点进行产品推销，这就导致其业务结构缺乏一致性。这时首席营售官就要确保部门整合后所有团队的步调一致，至少要有微型团队使整个客户参与渠道畅通无阻，这样才能提高公司效率。无论哪一领域，团队紧密合作都可以壮大公司实力，这是部门整合的一大益处。

首席营售官应致力于营售一体化沿参与漏斗进行

首席营售官应该致力于创建、调整和整合销售和营销团队，以通过一致的关键绩效指标、汇报和激励制度来跨越客户参与周期。部门合并之后，首席营售官的管理将更为灵活，并能高效利用其他支持销售和营销的部门。正如我们之前谈到的，有了其他部门的支持，销售部和营销部的合作运营成效将更为显著。举例来说，营销经理现在主管某一行业或领域的客户参与，他建议拨出漏斗顶部的资产增加网络流量，以此推动产品营销，同时客户参与过程中每一步的负责人都要各司其职。

这种形式的部门整合有利于后续的构思、设计和执行。未来，首席营售官将是营销部启动变革的关键。

重要作用：最大限度地利用资源

营售一体化不仅是对销售和营销的整合，它还是一门聪明地与客户打交道的学问。众所周知，资源和时间是有限的，但许多公司在其运作过程中未能对两者加以充分利用。没有一个公司说过销售部和营销部"预算太多，员工太多"，因此，首席营售官（负主要责任）及其手下员工应致力于提高公司效率。

重点突破

军队是一个注重效率的地方，商业领袖或许可以从中借鉴一些经验。纵观历史，人类冲突促使我们突破思维极限，高效利用手边的工具。从汉尼拔（Hannibal）出其不意地用落后的兵力攻打罗马，到使用联合兵力战术，战争总是驱使我们在如何提高战斗力方面进行创新。在"第二次世界大战"前夕，德军采取了重点作战方法，人称"闪电战"，这与销售和营销团队人员的工作方法极为相似。一言以蔽之，这是一种作战理论，主张在与敌人交战时将资源集中在一个点上，以实现重点突破，继而实现更高的目标。专注是商业活动中资源配置的重要标准，在一个领域中投入的资源越多，效果就越是显著。一句古老的营销格言说明了这一点，即"广告宣传要和促销活动同时进行，而不要按部就班"。部门整合之后，举办活动就变得容易多了。一些特定领域的效率成倍提高，我们要继续对其加以重视。

基于账户的参与

B2B 公司专注于目标公司的产品或服务，这种基于账户的参与方式首先在 B2B 公司得到应用。基于账户参与的目标将 B2B 公司转变为消费者和倡导者。即使它不是正式的计划，但这种方式仍然最受销售公司青睐，并被应用于多项业务。要想取得成功，企业各部门就要协同合作，以增加某一项目的实际收益。然而在现实中，影响力最大的当属销售部和营销部。在营销中，销售团队重点采用何种方式，会受到营销部门基于账户的营销方案和相关经验的影响，正是销售和营销的整合促成了两个部门的合作。一旦将销售和营销结合，互动就变得更为容易，从而实现更具针对性的信息传递和客户参与，这是营售一体化的关键成果。

我们应该重点关注有多个联系人的账户，而不是只有一个联系人的账户，所以，MQL、BQL、SQL 这些术语现在需要改为 MQA（Marketing Qualified Account，营销合格账户）、BQA（Business Qualified Account，商业合格账户）和 SQA（Sales Qualified Account，销售合格账户）。

整合销售和营销信息

与此相关的是营售一体化的另一种好处，即它可以通过交流向潜在客户提供更为一致的信息，使销售和营销得以协同合作。有了团队协作，销售和营销可以轻松应对行业转变甚至是公司挑战。顾客参与信息从销售团队虚拟的"采煤工作面"更多地流向营销团队的"后勤办公室"，在那里，他们可以接收这些信息，并将其按比例传回市场，吸引更多顾客参与其中，并最终推动业务增长。

> 在拥有十几名客户的小企业很容易实现营售一体化，而在拥有成千上万客户的大企业却不然。但在我的团队中，各个销售团队紧密合作，我们将其中每个团队的数千名客户缩减到每个团队只负责 15 位左右客户。其中，一些评审过程是持续进行的，因为它们是销售团队的一部分。我们是怎么做的？通过传统的人际交往。
>
> 里安农·普罗瑟罗

为了说明这一点，你可以设想一个场景：销售代表在与潜在客户会面时，发现他向客户提供的产品恰好满足当前客户的需求，这时他就解决了一个具体的商业问题。销售代表知道除了客户以外，许多其他公司也遇到过这种情况。回到办公室后，销售代表意识到还有 4 家公司在销售领域也面临这一挑战，因此开始起草社交媒体帖子来联合这些公司。

他们通过管理层或网络将这一信息传递出去，在这一点上可能还算一个优秀的企业公民。但在许多情况下，因为顾虑其时间成本，销售代表很少会这样做，这也不是销售代表的初心所在。在集销售与营销于一体的公司，销售代表会直接参与营销。在定期反馈会议上，营销都会把握机会，然后进一步开展相关的营销活动。这种紧密合作无论发展到哪一步都会提高公司效率，便于信息传递，扩大市场份额。

在营售一体化的公司里，销售和营销联系紧密。因此，这种关联性可以直接影响营销内容计划，要么让他们为每个人创建一个产品，要么在账户级别支持销售人员。

提高效率是公司向营售一体化转变的关键推动力，我们认为这也是成功整合销售和营销的关键成果。随着销售和营销技术的发展，营售一体化的公司会实现效率的成倍增长。

数字媒介购买专员数字足迹——意图数据

客户在网上搜索求解时（如在社交网站上提问、在谷歌上搜索、观看视频、浏览网站或阅读内容）会留下数字足迹。

这些意图信息可在市场上公开购买，在销售和营销活动中同样适用，例如开展以营销为中心的活动，以降低广告或营销活动的成本。销售人员可以使用意图数据深入了解下一次客户会议的议题。未来，密切合作可以在很多领域带来巨大收益，公司采取将销售和营销结合的做法可以快速取得成功。

提高客户满意度：参与客户旅程

当我们审视所有企业与客户之间的互动过程时，我们会看到一个跨越销售和营销的清晰旅程，但当客户从营销转向销售时，在某一点上会出现分离。这种分离以及潜在的随之而来的客户"体验"，是客户低满意度的原因之一。为了解决这一问题，我们有必要将销售和营销相结合以解决此类问题。

这个"交接点"会因公司提供的产品和业务不同而有所变化，但它在所有企业中普遍存在，而且无论流程多么严格，它对顾客都是清晰可见的。随着数字互动在销售和营销领域得到应用，一些公司认为人际互动后会产生交接点，而且有些公司的初级人员可能还会通过聊天或电话对营销进行初级认证。这些方法可能会造成客户体验过程的脱节，各分立部门不同的关键绩效指标或目标通常是原因所在。

在现代商业中，我们需要衡量工作绩效，设定量化标准，即关键绩效指标。此时我们需要调整这些关键绩效指标，激励员工认真工作，刺激顾客的购买欲望，同时又不会对客户的品牌之旅造成影响。若资格审查过于严格，营销可能难以满足销售要求；若过于松懈，销售可能不会珍惜所得。这就是主要的分歧所在。在一个组织得当的公司中，公司上下协调一致，销售部门和营销部门密切配合。

营销部构建它们的流程以满足 MQL 或 MQA 的资格要求，然后销售部与其保持一致，并将其用于自己的 SQL 或 SQA 的构建。从根本上说，这就是营售一体化概念最具影响力之处。如果在整个客户参与过程中，无论业务规模大小或进展是否顺利，销售和营销部门都能明确其共同业务，而不会各自为政，首席营售官领导的管理团队就可以跨越这一历史性的移交障碍。这也意味着，管理客户这项工作只能交给一个部门，其责任分配也保证了与客户互动的质量。如本章开头所述，企业今天的生存能力取决于其满足客户期望的能力，而客户体验的中断会影响企业的发展。这是因为公司在与客户互动的过程中对其下一步行动缺乏预见性。有了营销报告和管理，公司就会掌握有关客户体验的细节信息。

网络访问量的变化反映了销售数据的变化，正如之前汽车制造商的例子所揭示的那样。这种可见性让销售团队可以更好地进行计划和预测，但在营售一体化的公司中，他们可以协同合作以更好地解决问题。这样一来，营销团队在销售人员可以组织促销和测试日的同时，根据经销商周围特定区域的意图数据，对所有最新车型进行社交和广告促销，而这些从其他经销商处引进的车型，通常是不可用的。

总的来说，未来的营售一体化公司只有一个关键目标：提供更好的客户体验，帮助企业更好地满足客户需求。通过对企业进行审查评估，我们发现将销售和营销相结合是最好的方法。两个部门协同合作能带来最大价值，可以最大限度地吸引客户及潜在客户。

三大分类：销售导向型、营销导向型和产品导向型

现代商业复杂多样，公司的运作方式和成功经验也千差万别。然而，基于公司运作方式及其关注点对其进行分类一直是最佳方式，而营售一体化这种方法的实施及其影响会因公司类型而异。按照多年盛行的标准分类方法，公司大

致分为三类：销售导向型公司，营销导向型公司和产品导向型公司。我们会谈到每类公司在开展销售和营销工作时的一些差异，以及它们的一些重点领域。

这三种公司有何不同？

- 营销导向型公司：这类公司会根据客户意愿开发产品和服务，在很大程度上依赖于市场调研和客户反馈。
- 销售导向型公司：这类公司以销售团队为中心，在规定的时间内（通常是短期内）提升产品和服务销量。这些公司需要实体销售团队（直销团队或非直销团队）来扩展业务，增加收入。
- 产品导向型公司：这类公司首先专注于产品开发，再为产品开拓市场。这些公司认为只要产品够好，顾客自会上门，从而实现盈利。

营销导向型公司

在营销导向型公司里，销售公司的授权和支持顾客体验的质量至关重要。销售团队认为他们在与客户互动的过程中不可或缺，他们的工作不仅限于接受订单，因此客户体验的连锁效应是积极的。这使得公司能够从他们的客户那里获得更多的反馈，这些反馈信息对公司的发展至关重要。有了市场信息的引导，公司可以对产品服务做出改进从而提升其市场地位。

销售导向型公司

在销售导向型公司中，向营售一体化模式转变的最大阻碍是高级管理层。销售部领导层一直以来可能低估了营销的贡献，所以他们抵制变革，认为这样会削弱销售部在公司的地位。正因如此，在销售导向型公司里，我们有必要以首席执行官为突破口推动销售变革，并任命一名外部人员担任首席营售官。

产品导向型公司

我们认为，随着首席营售官这个角色在董事会中的重要性与日俱增，未来将出现一种新的组织形式——销售营销双导向型公司。首席营售官在一定程度上可以为首席财务官的报告补充信息，这将推动销售营销双导向型公司的出现，正如通过了解首席营售官及部门联合运营，企业可以更有效地与顾客进行互动。

统筹一体化管理：首席营售官的重要性

未来，对营销部门和销售部门进行合并的公司将在特定市场得到优化。整个客户参与周期清晰可见，董事会中一位了解首席营售官重要性的领导将负责报告整个过程中与客户和潜在客户的互动情况。这不仅能提供全面的反馈，也使公司能够更有效地参与进来，从而大大改进了传统的销售和营销方法。今天，所有企业都面临着竞争，即使它们占据垄断地位，也面临着不好对付、自鸣得意的竞争对手。因此，所有企业都需要进行优化以应对未来的挑战。这让我们回到本章的导言以及众多失败的公司的例子，我们认为，将销售和营销结合是降低破产风险的一个关键途径。

最近有人就这一点向我们提出质疑，认为这一方法不适用于政府组织。人们对此看法不一，但公共部门也注重互动过程中的每一个环节，从整体上吸引人们关注。在英国，英国铁路公司（一家国有运输公司）的例子众人皆知，在铁路运输迎来变革之际，该公司不理解客户需求。公司运营成本高，不清楚汽车销售激增和高速公路发展会对公司的未来产生何种影响，他们没有预料到终有一天会失去客户支持。

多年的物价上涨和来自英国纳税人的资金并没有改变公司的方向，最终，这项政府多年支持的业务失败了并被划归私人所有。许多线路停运，路线也做出了重大调整。那么，有人会问："销售和营销合作运营又是否能够逆转这种情况呢？"

那时，真正有远见的领导可能也对这种情况无能为力，如今，有了公司数据的支持，领导可以预见这种危险。有了第三方数据，他们能够了解更多情况。他们可以看到诸如广告点击率下降、网络流量减少、售票处排队时间缩短、从火车上收集的垃圾减少，以及更多的指标（包括长期指标和短期指标）。合并之后的部门可以快速了解情况并采取相应措施。

小结：客户掌控一切

市场领先的 CRM（客户关系管理系统）供应商希柏系统（Siebel Systems）在被甲骨文公司（Oracle Corporation）收购之前，秉持"一切都是为了客户"的理念。这句话说得很有道理，顾客掌控一切。公司需要做出变革，以更好地满足客户体验。我们应该为买家提供一个连续的购买过程，之前我们已经讨论了，在整个购买过程中，首席营售官这个新角色应如何管理客户体验。这个互联网和社交媒体的时代需要新的企业和语言。没有一个销售或营销经理说过"我们有足够的资源"，但是通过将销售和营销结合起来，我们可以提高效率。实际上，企业的投资越少，收入就越多。

自我调查问卷

1. 你的销售和营销团队是否有共同的语言？销售和营销能否就线索的定义达成一致？

2. 你的公司是一个以产品、销售或营销为主导的企业吗？现行模式是否有利于公司发展？如果不是，你将做何调整？

3. 就你的营售一体化方案而言，你想实行单人领导制，还是两人协同领导？

4. 接着上几章的问题，因为销售和营销部门资源有限，你认为"重点突破"方案对开源节流有帮助吗？

5. 在没有跟踪的情况下，你是否正在收集和测量潜在客户和客户的数字足迹，例如意图数据？

第五章

支撑体系：营售一体化的四大支柱

简而言之，有所作为就能所向披靡。

——加里·维纳查克

那么，对于前文提到的理想状态，公司又该如何实现呢？公司需要做出方方面面的改变，在各个业务部门都有所改进，这一点至关重要。通常，在不损害公司日常运营的情况下，实现变革并非易事。因此，如果公司想要实现营售一体化，一定要制订具体可行的经营方针。在变革的过程中存在许多不可控因素，不仅会影响变革，还会延迟甚至损害变革，因此，公司有必要制订一套系统化的方法。

在研究推动这一变革的最佳途径时，我们认为，切实利用好变革的四大支柱（战略、员工、流程和利益相关者）至关重要。只要公司充分发挥这四大支柱的作用，就能实现营售一体化，使转型后的公司实现最优化发展。

为了确保实现项目的最终目标，企业需要制订一套明确的方案。本章将概述实现营售一体化的几个关键步骤。

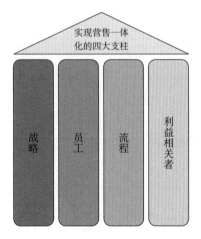

实现营售一体化的四大支柱

战略　员工　流程　利益相关者

图 2　营售一体化的四大支柱

第一支柱：战略

战略领导力

企业执行重大战略安排时，应指定相应的领导者。领导不仅仅是一个职称，他还要承担责任，推动企业员工朝着共同的目标努力。企业向营售一体化的转型也不例外，首席营售官就是企业转型过程中的领导者。详细地说，首席营售官应该发挥他在营销和销售上的才能，成为推动变革的远见卓识者。哪怕是最微不足道的项目，领导者也应保持思路清晰，熟悉项目的方方面面，这对于项目来说至关重要，首席营售官同样也需要面面俱到。

除此之外，领导还需要有一名战略上的支持者，确保员工愿意接受方针，并落实到位，推动企业在日常运行中更好地实现营售一体化。因此，要想成功转型，首席营售官需要在变革团队中任命一个助手，营销高管或销售运营高管非常适合这一职务，他们有好的项目，且变革管理经验丰富。而通常，公司的新人却最为适合，他们不会囿于成见，在企业转型的过程中始终支持首席营售官，推动公司逐步实现目标。

营售一体化团队的主要职能是：管理项目的单一客户视图和每一进程中的子目标；定期召开维持客户视图的更新会议；与转型团队中各业务主管沟通，及时更新客户数据。

充分的沟通

领导就位之后，首先要做的是确定沟通方法，便于公司内各部门了解转型项目的最新进展。众所周知，沟通对于赢得员工的认可和支持至关重要。沟通不足会阻碍变革的进行，相反，如果沟通过度，传递不恰当的信息，员工可能会不看好变革，也会诱发变革出现问题。因此，公司需要采用并确立一种系统化、行之有效的沟通方式。在确立这种沟通方式时，领导者需要考虑三个层面的信息传递：公司层面的沟通；营售一体化团队中管理层面的沟通；战略变革团队中的沟通。

第一种是高层沟通。在获得高管的支持后，首席营售官会将相关信息传递至整个公司，采取月度或季度通讯的形式，介绍转型的进展、项目实施原因、主要团队成员和转型过程中的突出业绩等关键信息。传达信息时无须巨细无遗，但是需要传达这一业务的驱动力和重要信息，让企业所有员工目标一致，了解转型的进程，以及营售一体化期望并将实现的成果。

高层的内部沟通会受到日常工作的干扰，难以进行，因此，除了向员工发送邮件之外，还需要开展面对面的沟通，确定一个定期更新信息的地方，如企业内部网。与其他重大业务变化一样，企业首先要召开全体会议，然后定期进行部门更新，召开开放式问答会议，让企业员工得到最新信息、积极参与项目，更重要的是，让他们认可这一项目。进行内部沟通的另一收获是，企业会给那些敢于直抒己见的员工安排对应的职能，让他们也加入到转型中，尽其所能，从而把反对者变成支持者，把支持者变为拥护者。

管理层面的沟通完善了企业沟通，通过在管理层中定期展开沟通，赢得企业的认可。这种沟通方法类似于公司层面的沟通，主要是由管理团队负责，推动企业自上而下的变革进程。管理沟通主要有两种类型：第一种是营售一体化转型管理团队定期召开面对面会议，各项目主管在会上汇报数据更新情况，由首席营售官和战略项目管理助手记录这些信息。

通过一个简单的红绿灯指示板，向团队成员传达项目的简报，让他们了解项目的进展、具体任务以及任务分配。会议规模取决于企业的规模，想要集齐所有成员并非易事，但这一会议至关重要。企业规模越大，就越应关注员工在更新会议（面对面会议，或是视频会议）上的出席率。在这一过程中，在营售一体化管理团队中任命一些负责人助手也有利于实施营售一体化。

另一种沟通类型会受到项目具体实施的影响，因此，转型团队中的项目主管及其助手要一起促进沟通。

指标、衡量标准与责任心

企业开始转型时，指标是战略的一个关键组成部分，企业需要设立一些指标来促进变革的成功。通过重新审视这些指标，有利于判断企业在整个客户参与过程中的运行情况。本章概述了企业在选择指标时的驱动因素，以及切实可行的多重杠杆，来支持和促进战略的实施。

企业应该从根本上变革核心业务指标，同时，指标的变动也会影响决策制定，以及返工的概率。企业员工在向顾客提供服务时，切记需要提高互动的质量。这是变革的核心，同时也是许多企业面临的最大问题。很多封闭的部门都有自己的指标，但却与更广层面的顾客互动无关。本书前面也提到过一些简单的例子，例如营销部门的最后接触归因模型，或是电话销售代表的销售机会转化目标。因此，企业需要改变现状，重点关注一种更综合化的方法。

我们之前也提到过参与漏斗，企业在运用参与漏斗时，还需要使用一定的技术和方法，来进行合理的衡量。本章我们主要谈论的是其中的一个例子，基于账户营销的衡量方法，这也是变革指标的核心。多数情况下，客户对企业提供的服务和产品产生兴趣时，企业会将其视为某种形式的线索，进而各部门也会追踪这一线索，从营销线索到电话线索，从电话线索再到销售线索，直到最后的成交，企业可以从中获利。

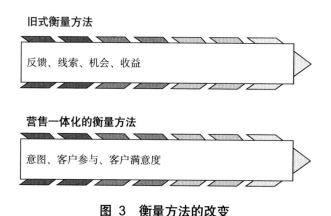

图 3 衡量方法的改变

我们选择这个例子，是因为这种互动方式正是许多 B2B 企业需要避免的。各部门需要以整个企业或是客户的视角，来衡量每一次与客户的互动，即在与客户互动的过程中采用基于账户的方法，同时也要关注客户互动评分和客户转换率。客户互动评分这一概念涵盖了企业与客户互动的所有过程，不仅仅局限于某一部门和客户的互动。这种变革看似简单，但其目的是让所有衡量指标联合一致，更好地实现企业与客户的互动。

员工技能的不断提高

除此之外，企业还需制订一个明确、可评估的计划，让员工接受一些必要的培训，转变他们的陈旧观念。最终，这一方法还是会落脚于向营售一体化转型，以及提高员工技能、转变他们现有的观念和目标上。我们无法罗列员工需要接受的所有培训种类，但我们会提供一些与这一话题有关的关键原则，促进转型部分进程的成功。

首先，企业新上任的首席营售官应该树立一种"我能行"的理念，并传递至所有部门。与此同时，每个直线管理者也要将这种观念传达到部门的所有员工，只有让团队中的所有成员都参与进来，才能促进企业真正实现营售一体化。每一位员工都需要感到，他们是转型进程的一部分，不仅仅是听命于新方法，还要主动做出贡献、提供建议。通常在企业变革的项目中，需要对一线管理者提供一些特殊的培训，促进这一理念成为现实。在进行培训时，可以采用一种自上而下任务下达的方式，首席营售官向管理层介绍项目的主要内容及执行方案；之后，人力资源部会开展一些培训，可能是由外部专家向管理者讲述交付变革项目的方法。我们之前也接手过一些与管理有关的挑战，方法同样也适用于企业的一线管理层，他们应具备领导员工、管理期望、处理异议的能力，能够在员工当中营造一种积极求进的氛围。

其次，企业还应进行细致的技能培训，我们在本章后面也会接着讨论，以期所有员工都能够更好地理解在客户参与周期中，处于他们前后阶段同事的职责。其中的一个例子是：营销专家除了关注营销之外，还应获得更多的销售过程培训，了解客户在营销之后进入的下一个阶段。

业务重组

企业在进行变革时，必须制订一个清晰的重组计划，确立重组的指标。营售一体化领导层需要明确规定实现重组的条件，然后与高级管理层合作，制订一个实现重组的时间表。领导者根据业务及后续目标，概述营售一体化的目标运营模式、销售和营销中需要重组的主要领域、重组后的企业结构。企业在进行变革时，管理团队应根据时间表，运用职权来不断衡量和调整这一过程。

挑战性支柱：员工

企业在向营售一体化转型的过程中，转变员工的职责尤为困难。如前所述，企业拥有一个强有力的领导者至关重要，现在我们将介绍促进员工转变的方法。企业之间各不相同，我们所提供的案例可能适用于你的行业，也可能不适合。由于各行各业门类众多，我们无法列出所有具体可行的组织结构。但我们接下来将会着重介绍一些方法和步骤，来促进员工的转变。

组织员工的模式

整合营销部和销售部时，尤其重要的是整合一些共同的职能，形成营售部门的核心结构。快速整合运营职能、人力资源职能、支持职能非常必要。例如，在衡量企业的运行时，只有综合性的运营团队才能通过整个客户参与周期的情况，得到一些核心指标，如客户参与得分，为企业提供一个单一的客户衡量标准。人力资源部在招聘营销和销售人员时，需要制订相同的招聘标准，在员工进入公司之前就对其进行整合，这大有裨益，比如，这两个部门设定非常相似的招聘要求，如行业背景、本科学历（或非本科学历）及对同行的了解。

提到企业实际运行中的一线销售、营销及管理工作，有很多安排组织结构的方法。在实际工作中，多数工作需要找准方向，提升客户的体验。

企业在进行重组时，可以采取多种方式。这很大程度上取决于以下几个因素：

- 企业的规模和变革范围的大小。
- 董事会希望完成此项目所用的时间。
- 外部审查和指导力度的大小。

管理层根据这些因素所采用的方法，会以几种不同的形式表现出来：

- 授权：高层管理人员独掌大权，致力于企业的转型，他们做出变革的同时，也会影响企业的灵活性。这有利于促进变革，但忽视了某些关键的客户参与机会，让员工与变革脱节，不利于实现提高顾客互动的实际目标。
- 管理：在高层管理人员授权下，中层管理人员及时反馈信息、调整流程、改变企业决策方式，推动转型的进行。这是一种恰到好处的平衡，既达到变革的目的，也得到了客户和员工的认可。
- 咨询：高层管理人员征询中层和一线管理人员的意见，他们所在的部门是如何看待转型的，这为管理者提供了更多的可选项，但增加了最终结构确定的灵活性。这种方法可能会提供最优的最终结构，但也可能因耗时过多，而无法有效达成目标。

不管采用哪种方法，企业一定要支持员工，并确保变革文化是受欢迎的。如前所述，企业需授权管理层，并进行相应的培训，尤其是一线管理层，因为他们是成功的关键。只要对管理人员提供有效的培训和支持，企业定会受益无穷，如企业采取一些措施，授权那些批评者，把他们从反对者变为重视变革的支持者。高管要善于运用一些简单的管理技巧，如倾听批评者的意见，记录并加以反馈，这会让他们有所共鸣，而批评也会进一步促进变革。

员工赋能

我们之前提到过，在变革过程中，为各层级的员工提供培训，来缓解变革中不可避免的人为问题，这一点至关重要。切记：不仅要赋能那些没有专属技能或经验的员工，还要转变员工的观念，提升员工的工作技能。在此，我们总结了几种需要纳入流程，并在整个企业内提供的培训类型。

- 外部培训：与有相关培训课程的第三方机构合作，有助于企业的成功。企业应在需要赋能员工的领域对其进行培训。
- 内部培训：发挥企业内部专家传播技能和知识的优势，建立新的专门适用于企业的课程，传播特定的技术和知识。
- 提倡者培训：有些员工可能并不适合做培训，但他们精通自身的业务，能从中选取一个主题，以一种非正式的形式传递给企业的其他员工。这也是一种授权员工的方式，让他们成为某一主题和领域的虚拟领导者，进而赢得他们对转型的支持。
- 管理培训：管理者既要管理企业，也要培训团队，这种方法省时省力，且见效显著，有利于赋能团队，整合企业文化。管理者了解企业现行的方法和流程，掌握过硬的技术，可以清楚地阐明部门现有的变化。

总而言之，各类培训的关键是企业的行动要迅速，从颇有争议的领域中得到反馈之后，一定要迅速做出改进。培训反馈应该是管理团队的有力工具，用于评判员工在向营售一体化转型过程中的能力、动力及倾向。

我们最后要谈论的一点是，选择新员工来扩充或代替现有的人才。对于任何正在经历重大变革的部门来说，选择合适的员工来支持项目发展，也有助于实现变革。企业寻找负责营售一体化的合适人选时，应有以下几点要求：

- 首先，员工需要具备跨学科知识，不管是销售领域、营销领域，或是其他领域。我们经常遇到不断更换所在部门的员工，而他们正是我们所需要的，因为他们具备跨部门经验。
- 第二，员工在多家公司成功任职的经验表明，他们有良好的适应能力，企业在向营售一体化转型的过程中，需要持续不断地改变。你可能会对部门进行多重调整，而在这些过程中，需要有一个团队能够积极响应、妥善处理。
- 第三，激情和动力通常最不易察觉，但却是新的营售一体化人员最不可或缺的气质。随着部门的发展壮大，员工勇于挑战、力争创新，定会为企业营售一体化转型的成功奠定基石。

效率支柱：流程

对于任何现代企业来说，流程对运营至关重要。发展离不开企业长年累月的内部经验或外部最佳实践的积累，而流程早已在不知不觉中与企业融为一体，从员工理念、经营体系、文档编制到企业文化，都是如此。因此，这是企业向营售一体化转型面临的最大挑战。然而，这也是解决问题、变革企业的关键支柱之一，只要有一个清晰的框架，企业就能实现营售一体化。信息技术（IT）领域同样也存在潜在挑战，但只要合理管理，利用好 CRM 系统和 ERP 系统，就能促进销售和营销的发展，企业就能有所进步。

企业持续变革的方法——旅程地图

考虑到上述挑战，变革流程时必须满足客户和业务的需求，这一点至关重要。因此，为了实现向营售一体化的转型，我们认为使用客户旅程地图是最保险的方法。旅程地图源于客户体验（CX）咨询方法，企业可以多方面了解与客户的互动，是一种促进企业流程变革的绝佳方式。

客户旅程地图在客户参与周期中应重点关注：营售部门采取的方法、各部门使用的系统及客户感受。观察相邻的旅程可以让我们看到现行的状态、最佳状态，以及为了实现最佳状态所需的改变。自 1999 年开始作为高铁项目的服务设计方法以来，许多企业都采用了旅程地图。

一家大型工业制造商使用旅程地图，来增加儿童计算机断层（CAT）扫描仪的使用率，这是一个很好的案例。可问题是医院报告儿童扫描仪使用率很低，这让工程师惊讶不已，因为这项技术是一流的。于是，他们绘制了 CAT 扫描仪的儿童旅程地图，发现使用扫描仪治疗的儿童在全程都胆战心惊，他们和医生初次见面时就十分恐惧，这说明儿童并不想使用扫描仪。

经过几次调整，儿童的旅程地图大为改观。机器上自带一个故事，比如孩子乘船环游、进入丛林，或探索秘洞。机器也不再是标准的白色，而是绘有故事中的部分场景，和许多供孩子们看的图画，孩子们最喜爱的泰迪熊可以走在他们前面。正如上文中提到的那样，为了达到营售一体化的目的，必须用旅程地图与客户参与周期保持一致，确保客户参与中潜在的分歧可以暴露出来。

流程转型的实施

通过绘制客户旅程地图，确定核心流程方法后，有必要评估这些方法的适用性，以及实行的难易程度。企业在流程转型的过程中，有很多可行的方法，我们在此不再一一论述，但我们会总结一些要点，为你提供一个做决策的思路，以便你根据旅程地图来进行变革。

旅程地图的完善

记录旅程地图的绘制结果，列出需要做出的主要变革，之后再根据旅程地图，详细记录每个变革步骤的主管部门。

流程变革大纲

你需要制订计划，详细记录每一步骤的时间安排、主管部门和变革流程。此外，你可以为旅程地图中需要变革的领域设立主要目标；组建团队来主管变革流程，团队成员也必须具备以新面貌实现变革的能力。

流程细化

之后，团队应细化其所负责领域的具体流程和变革。这一步骤中，最重要的是确保企业有能力提供多种选择，这样团队可以依据测试和结果选择最优方法，而不会不知所措。我们之前也谈论过联合，考虑到任务的繁重，一个团队很难完成任务。如图 4 所示，流程变革团队的思维和结构，可以根据旅程地图的结果整合为单一视图。

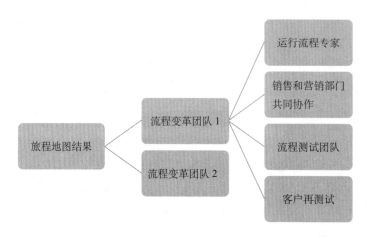

图 4　流程变革团队

团队和企业层次分明、任务明确，具备管理任何变革的能力，旅程地图中建议的流程变革可以交付给团队执行。每个团队都必须配备合适的员工来细化流程，并在经过恰当的测试和客户验证之后，做出调整。每一次的流程变革也必须要由客户测试成果，确保比之前有所进步。

压力测试

流程细化之后，在运行之前还要再加以测试。团队评估备选方案是整个变革过程中的关键流程，能够为一个或一系列步骤选择两三个备选方案，测试哪个方案最为有效，这对提供最佳客户体验来说至关重要。其中一些测试可能是在完成业务时进行的，还有一些可能是在敏捷试点项目中完成，进一步增进企业对工作实效的了解。应该注意的是，这些激动人心、极其重要的敏捷试点项目需要管理者全力投入，授权团队成员，激发他们的工作干劲。任何试点和测试中的管理者都应具备领导能力、有远见卓识，来确保测试的成功；他们不应拘泥于内部障碍，不管是员工问题还是技术缺陷。

流程运行

一旦确定变革运行方案，就可将结果传达给流程管理团队，确定实际要做出的变革，让企业进入营售一体化流程运行的崭新初始状态。同时，首席营售官也应积极促进内部沟通，提供必要的培训，让所有相关员工在转型开始之前都认可这一变革。

持续优化

在对流程做出重大更改之后，还需要持续推动更新，以优化流程。更新应定期进行、周而复始，促进流程的持续优化。

企业不仅要更改营售部门的运作流程，还要将其他部门包括在内，这一点尤其重要。企业的很多支撑部门都需要参与进来，尽其所能。其他部门，如人力资源部、财务部、产品工程部、开发部、咨询部等，都会不可避免地受到转型影响，因此也需要加入其中。推动这一进程的方法是让来自不同部门的员工与整个项目保持一致，让他们加入项目团队中，了解旅程地图结果的改进过程。另一种方法是组建一个单独的虚拟团队，由指定员工和几个营售团队管理者组成。不管怎样，都应在整个企业中进行定期更新。值得注意的一点是，将其他部门的员工加入到流程变革团队时，他们也可以将所在部门的流程包括在内。不利之处在于他们可能会拖慢进程，但在企业大规模的变革过程中，将企业全员都包含进来至关重要。

考虑相关团队纳入时，首席营售官有必要向董事会提出建议，确保能够得到他们的支持。考虑将哪些部门包括进来时，要优先考虑那些受变革影响最大的部门，以及那些对企业变革最有益的部门。如果某一部门被排除在外，他们可能不会乐于接受变革的成果，或者会在企业实行营售一体化后暗中作梗，避免此类问题的出现尤为重要，这同时也是首席营售官应着重关注之处。值得重申的是，董事会和高层领导者在实现转型交付中的作用不可估量，要是没有首席执行官和首席财务官的鼎力相助，营售一体化很难获得企业其他部门的认可。

销售和营销运作在实现流程变革中不可或缺，因为负责维持并管理流程、系统及员工的人，应是这一变革的主管。我们之前也提到过，要寻求一个单一的运营领导来支持首席营售官；他的作用非常关键，也是你应致力实现的第一个改变。领导转型的人才应是流程变革团队的高管，能够为变革交付提供美好愿景、注入强大动力。运营部门则是企业向营售一体化转型过程中的动力支柱。

认可支柱：利益相关者

谈到转型的最后一个支柱，那就是受营售一体化变革影响的利益相关者。在上文中，我们已经有所涉及，但现在我们会集中讨论几个关键点，以推进营售一体化的成功实施。

因此，企业决定向营售一体化转型之后，营售部门必须保持与其他部门和董事会的定期沟通。我们将从部门之间的沟通开始谈起，不论公司规模大小，人们都愿意积极响应那些他们所熟知和尊敬的人，因此，企业应该建立起良好的内部沟通结构。为了制订和交付一个有效的沟通计划，营售部门应该有一个明确的沟通负责人，由首席营售官所信任的员工来担任。由于沟通也是营售一体化的业务之一，选择营销部门的员工担任沟通负责人大有裨益，他们擅于沟通，有能力建立和推动与其他业务部门的紧密联系。此外，还可以利用一些简单的技术，如用有适当视频录制功能的手机，由部门领导者定期记录所在部门的变革情况，这种方法简单易行，卓有成效。如果此类沟通方式不适合你的企业，清晰的书面记录和面对面地更新交流同样也行之有效。例如，营销部门和销售部门的代表员工可以组成一个团队，该团队负责人将参加人力资源团队的例会，简要介绍营售一体化的现状、不同之处，以及人力资源部门的支持对营售一体化部门的意义。

团队人员各司其职，如有可参考的方法大纲，应提交一份详细的计划，供首席营售官监督完成情况。矩阵管理方法就是一个行之有效的方法，首席营售官可以清楚地看到"团队 A 已运行了变革 B 的更新"。这项工作的完成度取决于企业规模大小，但总体上的清晰跟踪十分必要，因为如果不具备可见性，首席营售官就不可能了解企业在变革过程中的执行情况。

营售一体化成果

为了让高级利益相关者认可营售一体化，营售一体化所取得的业绩显然最为重要，也是所有汇报的核心。而这也是转型的初期阶段，首席营售官应全神倾注的地方，确保董事会认同营售一体化，并愿意积极响应正在进行的变革。

赢得董事会的认可有几个关键点，对此，领导者需要与部门成员密切协作。在这个重要层次上，我们想强调三个关键点，你当然也可进一步分化。

- 第一点是要与每个董事会成员单独沟通。在沟通时还要联系他们所负责的部门或领域，便于他们清楚了解营售一体化所获业绩对于他们的意义。这有助于董事会成员了解营售一体化的作用，愿意在第一时间保持关注。

- 第二点是定期分享总体计划。从最初的业务案例，到定期在董事会会议上做更新汇报，简明扼要地说明项目进展和成果。汇报应真实透明，紧密联系董事会的各成员，以及与他们相关的数据和业绩。

- 最后一点更为重要，即是否认真考虑董事会成员的意见。让所有董事会成员（尤其是所有高级利益相关者）都感到他们自身，以及提出的建议、异议和想法也都得到了认真对待，这一点至关重要。像这样一个大型变革项目，很容易忽略高管的感受，因而失去他们的支持。

语言一致

营售部门在与所有利益相关者沟通时，注意要使用一致的沟通语言和术语。企业各个层次的员工使用同样的语言，无沟通障碍，这一点尤为必要。这看似平淡无奇，但可形成一个自下而上的术语库也并非易事；在将术语推行到其他团队之前，也需要解释术语，并对其进行管理。在大型企业中，同一件事经常会有两三个不同的名称，尤其是在跨部门项目中。有一个主管内部沟通的领导支持首席营售官之后，更易于避免名称的混淆。这一领导应建立一个简明清晰的内部术语表，以提高沟通的效率，避免术语的混淆。同时，此方法也应运用于项目中共享的数字上，所有数字在沟通时也必须保持一致。

小结：关键步骤推动一体化

如果没有一套清晰的方案，企业将无法成功实现转型。因此，企业有必要制订一条规划清晰的业务路线，供所有员工参照。在向营售一体化转型的准备工作中，了解主要步骤、评估关键因素才能卓有成效，我们的目的就是为你列出这些要点。我们想要传达的不仅是这些要点的重要性，还想传达参与这些步骤的人员，以及相关人员的重要性。如果你之前参加过变革项目，就一定明白，正是员工促成了变革，其他项目也无一例外。我们之前阐述的所有支柱也都是围绕员工展开的，只要员工就位，业务就能按计划和步骤进行，推动营售一体化的实现。

自我调查问卷

1. 在你的营售一体化项目中，哪些人是你需要说服的主要利益相关者？你会以什么方式对待他们呢？
2. 假设你不考虑政治资本，来运行一个营售一体化项目，你是否理解利益相关者的个人利益？你了解那些反对者吗？
3. 你将如何让利益相关者认可你的项目，并在项目运行的过程中始终支持你呢？
4. 你了解"快速成就"吗？可以和其他团队和读者分享一下吗？
5. 你有一张公开的客户旅程地图吗？这一项目正在持续推进吗？

第六章

实施阶段：八大步骤实现营售一体化

战略是转型的起点。若想立于不败之地，公司必须勇于变革。

——琳恩·道蒂（Lynne Doughtie）

之前我们已经介绍了实行营售一体化的背景，以及实现这一转变的金科玉律，现在我们将向你展示实现营售一体化的过程。实现营售一体化要遵循一系列步骤，本章我们会向你详细介绍这 8 个步骤。

总的来说，公司应该循序渐进，这样就可以在不影响业务的前提下对步骤进行适度调整。急躁冒进是不可取的，否则可能会影响公司盈利能力或日常运作。

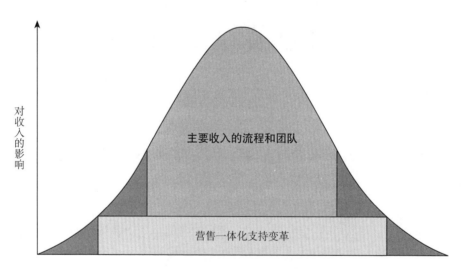

图 5 关注重要领域的影响

因此，公司要立足现实，循序渐进，以实现营售一体化。当采取这种阶段性操作方法时，你要始终考虑每一步骤与你的业务是否匹配及其盈利能力。在审查这些步骤时，你要运用收益递增法则，均摊风险，否则会殃及整个客户参与周期；另一种方法是使用钟形曲线评估方法，明确最重要的因素，并对其实行优先关注。

第一步：组建团队

第一步是组建以首席营售官为核心的领导团队。我们要立足于现有的营销和销售部门，根据员工的技能、经验及他们的现有角色组建团队。我们之前说过，运营企业（主管销售业务和营销业务）最应实现营售一体化。为了更好实现项目管理、工作汇报、度量标准和公司治理，专门的运营团队是必不可少的。之后，你可以基于业务目标或区域、产品、专业需求成立公司。不同类型的公司会采取不同的组建方式，销售型、营销型或产品型的公司在组建方式上稍有不同。接下来，我们会介绍运营团队的核心组成部分。

核心销售营销团队

以下是营售一体化企业里必须包括的团队以及这些团队的任务、属性和能力。随着时间的推移，营销和销售技能将变得同等重要。这有助于我们更好地理解下面这些团队的前景。

- **现场团队**：向目标市场提供实地销售和营销的执行团队。营销部门关注客户参与的早期阶段，销售部门则致力于促成交易。
- **网络团队**：对企业中网络不动产进行组建、交付和管理的团队。
- **项目团队**：在部门内部召集人员，以完成特定项目的团队。这些团队通常是临时团队，但在大企业中，项目团队也可能包括根据项目需要，被临时调派到其他项目的团队。
- **管理团队**：营售一体化部门中管理每个部门（包括所有地区或产品相关组）的高级领导团队。
- **内容团队**：一个专门提供各种形式信息以供内部和外部交流的团队。这些信息可能面向客户，也可能只供内部使用。团队最好把这两类信息结合起来。
- **培训团队**：营售一体化部门中致力于为各团队提供内部支持的团队。

工作实践

无论企业建制如何，我们都要高度重视部门联合时采取的实际工作方法。领导层要在团队中灌输适应性、灵活性、创新性、协作性这些核心要义，此乃重中之重。这需要借助一系列机制达成，管理团队应该乐于接受这些机制，并接受相关培训。为了实现这一目标，关键的方法是：

- **领导层要树立榜样**：高级领导直接与下级员工接触，定期召开全体员工会议，推广管理层的新想法。总的来说，这将是领导能力的关键部分。若有必要，经理也应采用这种方式。
- **跨部门团队协作**：从不同团队吸纳精英，组建重点工作组；工作组可以进行试点测试，或通过 SWOT 分析（优势、劣势、机会和威胁）来审视业务的运营情况。这是建立一个实力强大、见识广博、业务熟练的营售部门的良策。
- **创意推广**：让所有员工就产品改进、推广、销售和营销畅所欲言。这可以面向客户或在部门开展，可以采取匿名或实名形式，因此具有很强的操作性。因创意方法的类型不同，实行方法自然也会随之变化。我们可以给它打上简约易识别的商标，比如"创意工厂"。

最后一个方法是采用敏捷方法（Agile）。敏捷方法起源于 20 世纪 90 年代末的软件开发，此后有源源不断的书籍对其进行介绍。在推进销售及营销业务层面，归根结底它是一个高效工作并解决问题的流程，对转型企业而言更是如此。实际上，高效工作缩短了工作周期，可以更快地实现目标。在我们看来，营售一体化的敏捷方法有以下几个关键步骤：

1. 确立目标，达成一致。

2. 相关团队对目标的领导、角色和职责等细节进行确认。

3. 每天，项目团队要及时更新信息，最好有30分钟的面对面交流时间。

4. 商定交付项目的主要步骤，并在整个团队中将这些步骤分解成子任务。

5. 通过日更新使团队明确每天要完成的任务。

6. 领导者必须对团队成果精益求精，保证团队成员共同致力于目标实现。

7. 团队成员集体反思，高效工作，并根据反馈进行调整。

最后，当组建团队从事特殊工作时，团队应该培养一种专属的积极性格并对其进行优化。最好的性格特征大体包括信赖度、可靠度、高效性、负责性等，这些都是领导者在团队中需要培养的优秀品质。做到这些并非易事，需要投入时间和精力，并得到团队和管理层的大力支持，但这对企业长远的成功至关重要。当负责其他业务的同事询问关于营售一体化的好处时，他们是否能够快速清晰地阐明该计划的趋向度？通过团队成员的回答，我们可以判断业务是否合理。

第二步：明确各个领域

下一个关键步骤是对业务的主要方面进行详细的规划和分类。这样，营售部门和其他部门领导就可以随机应变。

销售和营销

对企业整个销售和营销进行详细介绍，明确每个领域的规模、重点、功能和责任。我们要重视那些与销售和营销团队相关的部门，如现场营销和销售部门，也要将部门内不易合并的主要功能（如公共关系、事件支持、网络团队、客户关系管理支持、销售支持、售前服务或技术销售）分立开来。

明确与营售一体化团队相辅相成的团队。例如，网络团队或许可提供资源以覆盖主要的行业或区域，因此成了营售一体化现场团队的虚拟成员；这同样适用于所有辅助功能。

其他部门

总结营售一体化企业需要整合的其他关键部门，并概述营售一体化对每个部门的影响（如果有影响的话）。销售部和营销部的实际日常功能没有发生根本改变，因此营售一体化的影响力是有限的。然而人力资源部并非如此，其在招聘时对人才的新要求体现了营售一体化的影响。

营售一体化的涉及范围主要包括财务部、业务运营部、行政长官办公室、培训部、产品开发部、生产（制造）部和人力资源部。

区域化

这种转变在各地区如何实现，你又该如何组织呢？所有这些都需要经过考量和评估。管理团队在计划团队和营售一体化运营部门投入资源并获得反馈后，还必须承担起考量和评估的工作。

现实情况是，通过整合团队和简化沟通渠道，向营售一体化的转变能够简化当前复杂的结构。结构越复杂，简化效果就越明显。

作为转型的一部分，参考模式及其日新月异的思潮对团队发展至关重要。归根结底，我们需要一个不断更新的动态业务，而不是一个长期固定的结构。

客户

对企业的各类不同客户群体进行总结和反思。除此之外，你还应重新评估市场规模，分析市场潜力。若对营售一体化的转变加以利用，则有利于适应市场上的潜在商机，重新分配有限的资源。

同时，这是检查和分析目前客户状态的良机，因为营售一体化也有利于提高顾客满意度。

高级管理层了解潜在收入至关重要，我们应将其视作转型的关键驱动力。对大多数 B2B 企业而言，90% 的收入来自 10% 的客户，因此，整合销售和营销的目标可以说能将带来收益的客户比例提高到 10% 以上。

外部影响力

最后要进行评估的是外部组织和资源，营售一体化过程或业务变革对外部组织和资源而言是一把双刃剑。

对于供应链中的供应商和其他企业而言，公开透明是避免出现问题的关键所在。正是通过管理团队，一种公开的文化将在业务之外得以传递。

无论合作伙伴的实力如何，我们应该对其一视同仁。根据合作伙伴管理团队在企业所处的位置，我们可能会适度调整策略：采取更为直接的方法，或者付诸特别关注和努力。

公司业务的性质没有改变，由此体现了这种改变的局限性。但是，公司可以联系不同的团队，或改变流程。

如果合作伙伴团队是独立的，那么应该单独与他们沟通，加深彼此间的了解，并在向营售一体化转化过程中持续更新信息。

很多团队会明显受到营售一体化的影响，这些影响至关重要。作为早期步骤，这些步骤将在启动后续步骤之前完成。此前，详细信息需要从销售部和营销部收集，如今这将是转向营售一体化运营后需要处理的首要任务。

对于如何提高开展工作的智能化，营售一体化团队应进行相应的审查分析。营售一体化的转变有几个核心目标，而智能工作是其中的关键行动。展开分析是实现营售一体化的第一步，它不仅仅可以协调营销部和销售部之间的关系，也可以使营售一体化的转变过程更智能化。

第三步：做出合理改变

现在，我们已经了解了业务各部分的核心信息和初步轮廓，包括对每个部分的影响，可以开始详细介绍对流程和部门做出的实际更改了。在本书中，我们对企业的各个阶层提出了具体的建议，但不同行业、不同类型的企业有不同的标准。因此，在这一步，我们要对客户旅程分析做出合理的改变。

这次旅程分析过程应实现以下目标：

- 客户要实现什么结果？
- 哪些是需要转变的关键领域？
- 操作程序中的哪些变化会影响到客户？

为了更好推进旅程分析，我们要遵循以下关键步骤：

1. 组建团队：在整个业务中，把来自不同客户接触点的大约30人组成一个团队。这个团队是客户分析旅程的核心，掌握着企业的各个部分的信息。

2. 面试业务：以上团队在各自领域开展问卷调查，以采纳更多的意见。问卷内容必须集中在对内部和外部的改进建议上。例如，问卷不应该询问出现问题的根源，而是询问如何改进 X 流程以提高客户满意度和员工幸福感。

3. 初稿简析：在客户参与周期要进行团队合作，并从客户、系统、流程和员工的角度分析每个接触点。

4. 回顾分析：在客户旅程中，所有团队要密切合作，包罗万象。若有客户参与其中，这一步骤会锦上添花，并提供更多的解决方案。

5. 运行旅程：通过评估获取结果，并测试其适用性。

6. 核心结论：采取最成功的变革方法，让团队中的关键人员详细记录这些变革，尤其是那些已经实现的变革。

7. 交付调查结果：根据旅程分析结果，从而调整业务。

营售一体化可以推进关键领域的变革。应确定关键领域，与顾客积极互动。如上所述，销售和营销之间的传统过渡点往往是最具变革潜力的领域。一旦做出计划、完成审查、集思广益，就可以将其上交给董事会，经董事会签字同意后请求更高层领导的批准。

第四步：运营模式

运营模式即营售一体化企业的最终结构及其运行流程。由于这一模式由上述流程驱动，而且受到瞬息万变的客户互动方式的影响，因此在该模式运作过程中，相关部门、客户互动引擎乃至整个业务要以动态原则为基础。我们总结了两种类型的运营模式，即目标运营模式和动态运营模式。以下是对这两种运营模式的简单概述。

目标运营模式

目标运营模式是一种长期业务状态，常见于大规模、高难度、长期的重组或变革过程。这种模式为业务注入了新的血液，企业将在很长一段时间内保持这种既定的操作方法。

动态运营模式

动态运营模式提倡变革，并不断推进企业内部的低层变革。公司员工在操作流程上，必须熟练掌握此模式。营售一体化促进了传统运营模式的转变，动态运营模式就是一个例子。

图6直观地显示了两种模式对业务的影响。

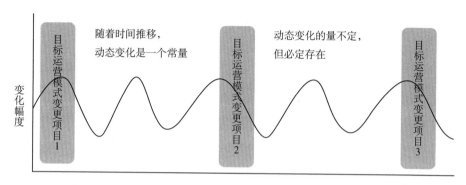

图 6 目标运营模式和动态运营模式在组织中的作用

最终，企业深入了解流程、员工和理念。在这个快节奏的数字时代，营售一体化部门只能采取动态运营模式，我们要对这一模式予以高度重视。

第五步：赞助和支持

我们已经讨论了获取支持的重要性，以及在营售一体化部门内，领导及团队如何进行有效沟通，采取高效行动进而实现营售一体化的目标。我们深知获得利益相关者支持的重要性，此处就不再赘述，我们只需阐明其关键决定因素。也许这些因素显而易见，但为了呼应开篇，我们将在下文对获取内部支持的核心原因加以阐述。

为什么要争取其他部门的支持

- **支持**：在任何企业中，集销售营销于一体的部门都无法独立存在，它总是需要相关业务部门的支持；若不了解新型动态运营模式，我们就无法准确把握这一现状。
- **反馈**：孤立的转化说明从团队和领导处得到的反馈相当有限。获得反馈至关重要，尤其是来自董事会的反馈。
- **了解**：相关部门都应对诸如营售一体化概念、实现营售一体化的具体做法、实现营售一体化要面临的挑战等问题了如指掌，以提供优质反馈。
- **清晰性**：所有团队都应清楚地了解销售和营销团队的活动和结果，而非像此前一样只关注收入。我们要广泛地和业务中其他主要部门的管理层进行深入交流，这是关键所在。

转换项目失败的原因：销售部和营销部长期分立，在整合过程中面临着巨大的风险和挑战。在这一点上，没有耸人听闻，但我们可以争取全公司的支持，进而解决这些问题。适度的支持和赞助给团队提供了走向成功的动力，我们要对其高度重视。前文中，我们已经概述了在集销售与营销于一体的团队中单一领导的重要性，营售一体化团队的领导者，必须得到公司里权威人士的支持。这些权威人士可能是董事会成员或公司重要人物，如首席执行官、财务总监和重要的非执行董事，他们最可能为团队提供资金支持。让他们参与到沟通中，甚至参与到转型的日常工作中，是非常有效的。例如，请他们在全体员工会议上针对变革的影响发表看法，或在团队内部通讯中发布博客。即使他们只在演示或拍照时站在营售一体化的领导后面，此举也体现了他们对营售一体化的支持。

在这一阶段，所有部门都应该对营售一体化项目予以支持。最初的支持来自于群众的广泛参与，如电子邮件、视频和演示。但这种支持要根据公司规模进行调整，尽可能转向一对一支持。营售一体化领导者获得管理层支持的过程就像一条瀑布，高级经理先让团队经理加入，再逐渐延展到企业的一线人员。支持营售一体化的人数越来越多，就像瀑布的水流越来越大。如果在转化项目开始之前与每个销售和营销人员单独交谈，让他们了解营售一体化的原则和目标，那么成功的概率就会大大增加。工作人员也会为营售一体化积极建言献策，从而在部门各级为转化项目造势。

我们已经探讨了许多获得支持和赞助的方法，以下是实现这一目标的几个关键方法：

- **参与**：使客户和团队参与其中，使其成为相关步骤和结果的一部分。如上所述，这可能涉及项目团队。
- **启动**：通过沟通和培训，帮助其他业务部门了解营售一体化的内涵，以及转型项目带来的变化。
- **展示**：向关键利益相关者分享营售一体化团队在客户层面或团队层面取得的成果。
- **考量**：提供完整报告，充分展示营售团队的工作成果。

这些步骤不可或缺，一旦确立，就应在整个转型期及后续阶段贯彻实行。

第六步：证明进展

这一步是建立营售一体化的汇报机制、衡量标准和治理机制。这一步骤对实现营售一体化至关重要，关系到工作可否取得进展，实现变革。此步骤会利用报告来体现进展，我们会对这一点进行详细说明。一旦建立汇报机制，便可定期与公司各个部门进行沟通，进而完成本章详述的所有步骤，为项目成功提供必需的支持和赞助。

但是，要理解这一章内容，还需掌握一些要点：

- 衡量标准要贯穿整个客户参与漏斗，报告过程不可中断或临时改变，并由一个团队负责上述事宜。
- 关注与你共事的每个员工的参与度，而不是专注单个参与点。实际上，我们要把报告的立足点从个人转向公司。
- 根据这两个报告的基本原则合理调整团队薪酬，并向所有团队公开，鼓励开放奖金制度。

第七步：薪资标准

发放薪资要依据相应的衡量标准。一直以来，销售和营销部门的薪酬差别很大，在底薪与奖金的层面，电话营销处于中间位置。众所周知，薪资是员工工作表现的重要驱动力。因此，提高薪资是改善客户体验的关键步骤。

营售一体化团队的薪资设定，应以提高客户体验的质量为基础。因此，旅程分析过程也要考虑客户体验、现有的支付比例、底薪与奖金权重，以及其他可以改进的层面，而非单单考虑价值。显然，这一过程可能需要进行测试，但这一测验不可能在虚拟环境中完成，因为人性的暴露要经过时间考验和现实刺激。如果处理不当，这也会导致员工流失；没有人可以接受朝令夕改的标准，或者因资历不够与奖金失之交臂。因此，测试中必须对这一点进行认真评估，并在较长时间内分阶段实施。

在审查各部门的计薪方法时，转向与客户接触周期并行的分层，是营销中常见的基本方案，也是当前奖金制度的一个进化版本。图7~8概述了营售一体化企业中薪资的演变过程。

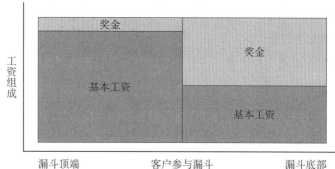

图 7　员工薪资通常由基本工资和奖金组成

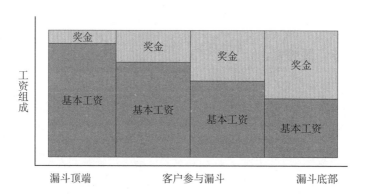

图 8　在营售一体化企业中，

员工需要包括工资和奖金在内的各种奖励机制

　　总的来说，公平的阶梯式计薪方法将有助于提高公司文化的透明度和参与度。明确下一个团队获得报酬的方式，将有助于发展这种文化，并将这种文化通过员工传递给客户。员工不开心时，客户可以明显感觉得到。通过适当的加薪增加员工幸福感，这对营售一体化企业的成功至关重要。

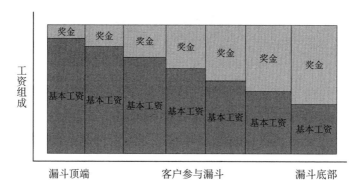

图 9　工资和奖金需要与业务和客户的目标相一致

　　管理成本是最大的问题，我们必须对这一点进行密切监测，以免转型期间对薪酬方案的过度改变会造成成本的失控性增长。如上所示，管理成本的百分比无须和员工实际工资挂钩，但它为其他团队成员工资衡量提供了一个指标，也有利于团队领导找到与员工共事的最佳模式。

　　在短期内，大额奖金会在团队间重新分配，提高员工的薪资水平，但我们需要对整个过程进行严密管理。在这一过程中，关键是要规避负面影响，因此我们要与员工合作，达到事半功倍的效果。我们也可以与新员工协商，延迟薪资变动，因为薪资是最敏感的问题。

第八步：开始转型并扩展业务规模

　　在做完所有上述准备工作之后，最后我们要进行适当的转型，为客户创造价值。在销售和营销部门，以及其他业务部门的支持下，每个人都应该对转向一种全新的模式感到兴奋。这个新模式为顾客提供了更好的体验。在这里，每名员工都可以大展身手，适应新的工作方法并取得成功。这也意味着客户能够与不同团队建立良性互动。显然，在这种新型互动中，最初的接触点并没有发生任何变化，但是随着后续步骤的优化，它们与企业共同进步的倾向越来越明显。

成功的标准不同，但无论业务类型或规模如何，一个成功的企业都需要做到以下几点：

- 首先，关注客户参与周期中的历史差距。从行程分析中找出主要问题和"棘手问题"，并解决这些问题。所有问题并非同等重要，我们应该有所侧重。

- 第二，整个企业共同推进相关流程实施，透明度是关键。部门间要进行沟通，对事情进展了然于心，这是成功的推动力。在英国，公众一度不再信任内阁成员，其中一个因素是公众认为自己为他们付出了一切，但没有得到相应回报。因此，政府开始公布内阁成员的开支报销单，很快，没有公布开支报销单的议员不能参与投票，被人嗤之以鼻。一些著名媒体对此事进行了报道，重建公众信任的目标已经达成。在开展业务时要牢记这个案例，并思考从内部对其他部门的开放如何从根本上促进业务的支持度和聚合力。

- 第三，与所有高级管理层合作，通过变革推动赋权文化。如在动态操作模式部分所述，这种转换是一个常量，不应被简单地视为目标终结状态。领导层要推动公司文化变革，对其提供支持。

- 第四，找到并鼓励那些批评者。我们已经在书中提到过这个问题，但我们想重申一遍，因为这对成功而言至关重要。

小结：循序渐进才能成功

总的来说，只有采取循序渐进的方法，这种重大转变才会取得成功。准备转型的公司要遵循以上大纲，并始终集中精力。与外部利益相关者合作，来检验转变的进展和影响，当然这也有助于调整计划，促进成功。随着转型的推进，寻找可以在内部使用的客户成功案例，这将帮助每名员工切实了解顾客体验的提升之路。

在这一转变过程中，聪明的领导者着眼于变化的速度。这对企业而言是一个关键挑战或限制因素，这一点已经得到了充分的证明。变化太快，业务可能会受到影响；变化太慢，在有限的时间内又无法完成任务。关注我们概述的关键领域将对这一点有所帮助。通过报告制度、衡量标准和公司治理，一些变化点几乎可以在不改变公司结构或人员构成的情况下发生。

自我调查问卷

1. 如果你的一名员工把核心团队拦在电梯内，并对营售一体化计划提出质疑，他们能否（迅速）清楚地说明该计划的好处和发展方向？

2. 你是否已向所有利益相关者和员工明确传达了该计划的好处和时间安排？你是否整理了所有反对意见、关切和建议，将其记录并反馈到计划之中？

3. 你是否清楚相关员工已开展了密切讨论，对他们在计划中的角色、这一计划对自身及公司的益处，以及该计划对员工合同条款的影响了然于心？

4. 如何做到使管理层和员工随时了解情况？如何确保这一计划不会分散你对日常工作的注意力？你会雇佣一个 PMO 吗？ PMO 指的是业务中支持、定义和维护项目管理标准的部门（或个人）。PMO 负责项目的管理和报告，从而解放了项目经理和其他项目成员。

5. 你能否实现目标？是否有快速取胜之道可以分享？

第七章

营售一体化面临的挑战及应对措施

这本书的写作目的并不是向你说教，而是为企业提供一套行之有效的方法，让企业在这个新兴互联网世界的茫茫大海中，找到一条专属的航线。但是，我们不能担保你的航程定会一帆风顺，因为事实并非如此。如果你想成功实施营售一体化，你就必须经历无数艰难险阻。你的企业需要有所改变，但改变却并非易事。营售一体化并不是一个遥不可及的梦想，它是一个业务流程，一套组织结构，不论你的企业规模是大是小，内部结构的复杂程度如何，你都可以实行营售一体化。营售一体化并非高不可及，尽管你可能难以接受，但你应该勇于尝试。

显然，你有必要制订实行营售一体化的具体方法，但你必须找到一些相关的商业案例，证明你的方案是可行的。我们希望本书在这两个方面可以对你有所帮助。

下文会提到一些你可能会遇到的关键阻碍，同时，我们也会为你提供一些对策，帮助你跨过这些特殊路障。

本书为你的公司实行营售一体化提供了一套具体可行的方法，同时，我们列出了一些你可能会碰到的阻碍，并提供相应的解决方案，帮助你走出困境。没有毫无风险的项目，但我们至少可以降低风险。

常言道："有备无患。"

企业遭遇瓶颈的现状

每个企业都与众不同，在销售和营销的过程中也都各有所长。但不管怎样，企业之所以寻求变革，就是因为企业在现阶段感到痛苦。在数字化领导力协会工作时，经常会有一些已经走投无路的公司向我们咨询。这些企业的产品和服务的销售遭遇了瓶颈，不再像过去那样一帆风顺，因此，它们正在寻找对策。如果你所在的公司也处于这种情况，选择变革比稳定业务要容易得多，你需要缓解疼痛，而营售一体化就是解决之道。这并不是说，背水一战非常有利，但企业必须明确认识到，目前的做法行不通了，为了解决问题，它们需要做出改变，甚至要做出一些激进的变革，而摆脱痛苦正是企业谋求变革的动力。

相反，如果你的企业正如日中天，进行变革时会面临更艰巨的挑战。根据我们以往的经验，企业流程越是完备，在产品和服务上的收益越是丰厚，它们就越容易看到变革的风险，不愿做出改变。它们会认为：我们的业绩正在逐年增加，发展势头很强劲，不能出什么差错。大家都知道，在天气晴朗时修理房顶会更容易，可对于处在上升期的企业而言，它们并不会这样做。

也许你的公司还未准备好迎接营售一体化，但也许，现在你应该有所改变！

实际上，历史书上也提到过很多企业，它们曾经实力雄厚、影响深远，可也许经过几十年的发展，它们在很短的时间内就会一落千丈。企业害怕改变多年来运营的现状会带来风险，可它们并未意识到，谋求变革不会带来风险，企业由于固步自封而被对手取代，才是真正的风险。

在前文中我们也提到了，凯捷公司的一篇推文称，2000 年《财富》杂志发布的世界 500 强企业中，52% 的企业都已不复存在。这些企业曾经业务庞大、根基扎实、利润丰厚，却因为不能很好适应市场的变化尤其是客户的需要，而被迫退出市场。

因此，你必须意识到：过于强调接受新技术带来的风险，才是现代商业世界中更大的风险之一。尽管你的企业现在可能正蓬勃发展，看似不需要任何变革，也无须注入其他新动力，可你需要找到一种方法，在企业当中营造一种渴望变革的氛围，但这并非易事。

拒绝一体化的反对者

企业在推行营售一体化的过程中，一定会有很多反对者，他们不相信营售一体化能够发挥作用，也不了解营售一体化的目的何在。同时，很多员工也会担心这一过程会损害他们的既得利益，架空他们来之不易的职位。

与前面提到的"痛感体验"一样，你也需要向员工传达营售一体化的巨大好处，以及拒绝营售一体化的不利后果。

多数企业的情况都非常相似，变革往往伴随着恐慌，正如企业在裁员时，经常以这样的句子开头："我们本想保住所有工作……"

同样，企业在进行变革时，会留下一些员工，也会辞退一些员工，因此，企业需要确认哪些员工有助于推动变革。可问题就在于，销售部门和营销部门都想全权控制项目（除非他们就像思爱普的营销总监里安农·普罗瑟罗那样，相比全权控制项目、追求效益而言，更关注客户的体验），因此，在最开始，你可能很难得到这两个部门的支持。

一般情况下，处于企业高层的高管，他们对企业的看法更具战略性。销售和营销部门当然是处于运营层面，倾向于按季度（或按活动）来看待问题。从企业职能分工来看，这可以理解，且很有必要，但是你可能需要从其他部门寻找支持者。

如果你有机会与某位高管（或董事）交流，这将成为一个很好的起点，因为他们见多识广，且往往一呼百应。不论你找到的是谁，你都需要向他们阐明企业转型的好处，以及对他们的好处。不论项目最终的成败，管理者都在冒着政治资本的风险来支持项目，他们也想得到一些"个人利益"，如提高收入、晋升职位、获得荣誉，或是增加简历上的亮点。支持营售一体化的风险很高，你需要更深一步地向高管说明这些好处，激发他们的兴趣。

拥有话语权的权力基石

如果在大中型企业工作过，你会发现，公司里存在各种各样的权力基石：销售主管、董事会/高管、人力资源、运营、营销。这些管理者和部门经常争夺最高话语权，而主要原因在于他们需要自我满足。他们很少（除了少数例外）

有交集，但有时他们希望确保自己在企业享有话语权。

管理者在企业大权在握，一呼百应，你需要确保得到他们的鼎力相助，这也是完成工作的一个绝佳策略。

你不仅需要确保营售一体化提案得到应有的（和必要的）支持，还要确保那些支持者一言九鼎，确实会在重要会议上讨论这一提案。

企业在进行变革的过程中，需要得到赞助支持，也需要赢得管理者的助力。管理者需要看到营售一体化项目的长期效益或长远目标，了解说服企业其他员工认可营售一体化的方法。这些管理者希望自己可以让企业有所不同，即便他们可能从中直接受益。

企业在推行营售一体化之前，你可能需要读一本书，即尼科洛·马基雅弗利（Niccolò Machiavelli）的《君主论》（*The Prince*），这是为你打下政治战略基础的一本好书，你不妨读一下。

短期目标与长期目标

正如上文提到的，你面临的重大挑战之一是：既要克服短期目标对中层管理者的约束作用，也要发挥长期目标对高层管理者的驱动作用。

季度目标包括销售额、活动成功度、业务进展等，是一种衡量业绩的渠道，对销售和营销经理（和主管）起激励作用。从战略层面上看，仅仅追求达成业绩是毫无意义的。而经理们之所以尤其看重业绩和指标，是因为这些数据可以决定他们的去留。

在正式实施营售一体化之前，你需要说服经理们尝试接受这一不同于以往的运营模式，尝试改变经理们的固有思维模式，提高他们的能力，让他们可以获得个人成功。

根据内部经验，很多销售人员会受到销售动机的影响，比如销售什么、采取何种销售方法。举例来说，由于销售某一产品提供的佣金更高，销售主管选择销售这个客户既不需要、也不想要的产品，而非那些真正有用的产品。这似乎是一种缺乏远见的做法，但在现行的销售大环境中，即使是最成功的销售人员被问到"最近怎么样"时，都是回答"还好，还没被解雇呢"，这也表明了，很多时候，战术方针对行动的影响更大。

因此，在企业中，你不仅需要明白谁是你的支持者、谁是管理者，还要明白谁更具战略性思维、更有远见卓识。

显然，经理们还在为达成第三季度的工作指标绞尽脑汁，这时，如果你去跟他们介绍一个为期两年的项目，跟他们讲这一项目将促进销售和营销部门的合作，让它们在运营和目标上密不可分，他们一定会对你的提议置若罔闻。

克服企业行为惯性

也许你在转型过程中，面临最大的问题是企业行为惯性。大型企业，甚至是中型企业在进行变革时，都面临这个问题。如果你的企业至今为止没有遇到过任何销售困难，或者换句话说，没有感受到任何痛苦，那变革就会加倍困难。

即使你设法得到了企业各个层级的认可，他们都愿意积极响应变革，同时，你也整合好变革需要的管理者、利益相关者、支持者、战略思考者，可改变企业所有员工惯有的思维模式、行为方式仍是非常困难的。

在数字化领导力协会工作时，我们几乎每天都能遇到这样的客户。试点项目大获成功，出现具体的成功案例也并不意味着企业转型会一帆风顺。企业行为惯性将合谋阻止变革。很多员工可能并不像你一样渴望变革，也有很多员工对变革无动于衷，而在面对那些直抒己见的反对者时，你需要想出应对的策略，让他们愿意接受变革。

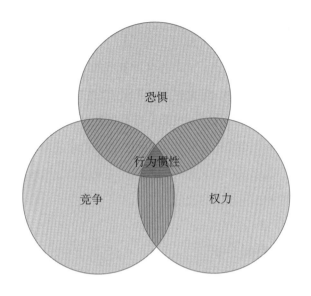

图 10　企业行为惯性

　　企业行为惯性图表明，企业员工不愿意接受变革的几大原因是：恐惧、权力和竞争（从表层和深层分析得出）。

　　事实上，在说服企业员工认同"激进"变革的过程中，阻力是不可避免的。当然，我们并不是说营售一体化非常激进，相反，它成效斐然，但多数人却不这样认为，企业在实行营售一体化时，还需要克服无数困难。营售一体化能为销售团队带来一些无形的作用，如增加活力、掌握话语权、留下深刻印象等，更重要的是，还能为销售团队带来很多实际好处，如提高知名度、吸引潜在客户、增加收益，因此，你应充分利用这一点，为变革寻找合理的依据。你需要明白，你在要求那些拥有财政大权的高管（他们可能不了解营销）对营销职能进行重新定位的同时，也在要求营销部门的员工完全改变行为方式。

营售一体化的阻力

思考一下变革的阻力来自何处，你又能做些什么。一个好方法是寻找部门对变革产生抵触心理的原因，并寻找理由来抵消它们。

那么，哪些部门、哪些人会对变革心存抵触呢？他们为什么不愿意接受变革？他们的目标何在？营售一体化应当如何帮助他们实现目标？如果他们选择支持营售一体化，又面临哪些风险呢？我们接下来会谈论营售一体化需要应对的不同阻力，并为你提供相应的建议。

首席高管和董事会／高管

高管熟知企业的运营特点，清楚哪些业务部门的工作效率最高。然而，众所周知，薪酬驱动行为，高管也并不例外。

从表面上看，高管处于战略地位，可许多高管在考虑问题时，仍是只注重短期效益。他们对股东和股市负责，只关注企业季度销售额的增长，因为他们的薪酬和企业的销售额直接挂钩。对于他们来说，明天会发生什么不重要，今天才是最重要的。

尽管如此，你应该为高管创作一个"剧本"。和其他人一样，你需要说服他们进行变革。买家行为的改变、旧销售模式不再有效，这些都是不容忽视的信号。事实上，只要高管们反思当前的业务，他们就会认同你的主张，即销售和营销需要紧密合作，提高效率。

营售一体化能够让企业在短期内获得较高的投资回报率。低成本、易操作的业务总是会吸引高管。取消大规模（或高开支）的活动，转而投入更具条理、针对性的活动，有助于得到高管的青睐。营售一体化不仅能大幅度提高企业效率，还能让营销团队更关注销售团队的需求，为特定行业和利基市场提供战略驱动，这些理由都极具说服力。

如果你的观点能让高管信服，他们就会明白，对营销和销售这两个部门进行整合，从短期上看，有利于提高生产效率；从长远上看，能够增加企业的实力。高管也会认识到，营售一体化带来的风险最小，既能推动他们在短期内完成关键业务指标，也有利于企业的长远发展。因此，他们会主动推动变革，为企业的长远发展打下基础。

销售部门

在中小型企业，即营业额少于 5 亿英镑 /8 亿美元的企业中，销售和营销往往密不可分，事实上，它们几乎是在以营售一体化的模式运行。随着企业规模扩大，这两个部门需要承担不同的职能，企业有必要对它们进行分工。销售和营销部门之间存在文化差异，销售人员总是把营销人员看作是有稳定工作的薪酬奴隶，或是受他们命令的机械执行者，因此他们总是会对营销人员说：我需要宣传册；我需要你们为这些客户安排一场活动；我需要更多客户；我需要应对客户不满的有效方法。

我们认为，销售部门可能是企业实行营售一体化的一大阻碍。销售部门仍然会受到《拜金一族》的影响，大男子主义的销售人员与敌人（客户）决一死战，强行实现交易目的。而现实世界并非如此，销售人员却还是因循守旧。在数字化领导力协会，我们有一位非常优秀的销售人员，他很能干，得到了所有客户的满意，但回到办公室之后，他依旧在重复《甜心先生》（*Jerry Maguire*）和《锡人》（*Tin Men*）这两部电影中的台词。

> ……我们企业的电话营销效率非常高，但如果客户不认同这种销售方式，我们就不会再进行电话营销，我们明白必须中断这一流程，这也是营销的本质：明白在哪一阶段应该突破陈规，为客户提供更好的体验。
>
> 里安农·普罗瑟罗

这两部电影中的台词让人捧腹大笑，但同时，也在向我们传达一个关键讯息：销售人员喜欢掌控全局，一部分原因是因为他们无法控制销售（就像客户一样），还有一部分原因是他们喜欢受人关注。

打破销售和营销之间的界限，让它们融为一体，总会遭到（高级）销售人员的抵制。

因此，了解销售人员和营销人员的行为特征，有利于谈判的顺利进行。

销售人员不会乐意看到营销人员占据比他们更高的战略性地位。但是，如果营销人员能够更积极地响应他们的要求，他们会非常高兴。在正确的时间、正确的地点，营销人员提供给他们正确的方法，让他们超额完成任务，销售人员就会心满意足。销售人员面临困境时，营销人员能够帮助他们解决问题，达成交易，而非企业组织不相关的活动，既不利于销售的进展，也不利于达成交易。

运营部门

企业中都会有一个运营部门，它们的职责就是提高效率，为企业扩张提供相应的运行流程。因此，你可能会认为，营售一体化能为企业提供巨大的潜在效益，它就一定正合运营之意。

事实可能并非如此。如果运营部决定写一本关于"最佳实践"的书，这本书通常是由咨询界的优秀人才写作几十年而成，那这本书几乎不会提到营售一体化。

企业在制订战略性方针时，如讨论是否应该实行营售一体化等问题，运营部门几乎不会参与。但和其他部门（员工）一样，它们也享有话语权，因此，有必要让它们知道，企业实行营售一体化的作用，它们在这一过程中又能发挥什么作用（或者至少是营售一体化对它们的潜在好处）。

运营部门可能认为营售一体化会带来一种全新的工作流程，但这并非实际情况。它们当然需要采用一种新的工作流程，但在宏观层面上，可能已存在相应的运行基础；而在微观层面上，需要做出改动的地方也并不多，内容创意、设计和法律这些事情仍将按传统方式运行。

和其他部门一样，运营部门加入企业的这一重大变革，有助于提高部门地位，既能降低成本、提高业绩，又能促进企业两大部门之间的良好互动。

营销部门

主动推销！当你向溺水的人提供救生圈时，如果他们拒绝的话，这在任何人看来都难以置信。然而，营销部可能就是这个拒绝救生圈的人。

根据工作经验，那些从事营销的员工，可能都具备相应的文凭或学位，因此他们有能力从事创新项目。如果他们足够尽职，会运用数据来验证他们的决定，但他们通常不愿意再深入思考这些数据说明了什么，而仅仅是从他们的视角来思考问题。营销部门有着明确的职业发展规划，（坦白而言）但不够负责，如果它们愿意不再囿于成见，加入销售部门，这将会是一个重大突破。

一个问题是，营销部门轻视销售部门的工作（这非常讽刺，因为销售部门也不重视营销部门的工作）。营销部门认为，是它们做好产品的准备工作，赢得客户的青睐，让其愿意买单，销售人员只是收个尾而已。销售人员百折不挠，但缺乏技能和知识。

营销人员认为，与销售人员通力合作不具有吸引力，可能还非常吓人。一方面是因为他们不了解销售人员的工作；另一方面，营销人员也明白，相比年复一年、循规蹈矩的工作，他们更愿意从事能够发挥其所长的季度性工作。

实行营售一体化合情合理，但由于营销部门不了解营售一体化，担心在这一过程中，销售部门地位会高于自身，它们很可能会非常抵触。

此外，另一个潜在问题是，营销部门接受新技术、开展新活动时，项目或活动越引人注目，它们就越不易受到行为惯性的影响。因此，与其他备受关注的项目相比，媒体推文能够提供更高的投资回报率，可销售人员还是想参加赞助活动或电视广告，不愿写内部通讯资料和媒体推文。

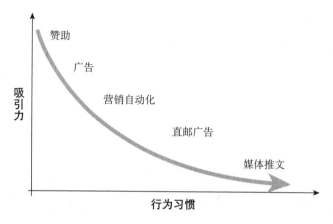

图 11　吸引力越大，行为惯性的影响力就越小

因此，现在的问题是：营售一体化足够动人心弦吗？它能吸引营销人员吗？

营销人员对客户行为变化最为敏感。不管是在 B2B，还是 B2C 这样的电子商务模式中，营销活动产生的效益都大不如前。营销人员无法预见发起活动的结果，他们发现客户越来越难以捉摸，因为他们不能准确定位客户对产品的期望。他们未能有效发挥营销的作用，陷入了困境。曾经成功的大预算电视广告，创造高销量的傲人业绩，那些光辉岁月已一去不复返，取而代之的是简单的美化功能。这也意味着，他们在很大程度上不再享有其他部门的尊重。蒂姆有时会开玩笑，称营销部门为"涂色部"，这并无恶意，只是在表达销售人员对现代企业中软弱无能的营销部门的真实看法。

然而，营销部门比其他部门都更深刻地意识到，客户购买行为的转变，或者更准确地说，客户研究方式的转变，正在影响着企业的日常运作。曾经，营销部门能够掌控全局，可如今它们看不到自己存在的价值。营售一体化为营销部门提供了机会，让这个部门能够重焕生机，找到方向，而不是简单地走个过场。

营售一体化能够发挥作用，为营销部门提供绝佳发展机会，但这并不能保证，营销部门就愿意接受营售。因此，在推行营售一体化时一定要体察入微、精心策划，确保营售一体化的成功推行。

如果在回答了本章末尾附的问题之后，你能够清楚地认识到，需要说服哪些员工来支持你，并且你认为，你的企业不会断然拒绝营售一体化，那么你应该考虑实行。

权势之争

当然，现在你可能会认为，企业在实施变革的过程中，不仅涉及改变、合并、策略，还更多涉及部门之间的权势之争，在某种程度上也确实如此。

在所有企业（除了微型企业）中，企业实际上做的事情，往往不是真正对企业大有裨益的。切记，这并非有人蓄意阻挠企业的发展，我们真正需要做的是，确保企业员工都能了解营售一体化的作用，以及如何实现这一转型。

因此，营售一体化一定要确保：所有员工都了解企业转型的重要作用，对营售一体化为企业带来的美好愿景的认识一致。

确定是否准备好一体化

如果你认为企业还未准备好，不宜进行转型，请你三思。

本章开头我们就谈到，营售一体化对你和企业都是一个巨大的挑战。我们还说，在企业实行变革是最困难的事情之一，因为人们安于旧习，想要养成新的习惯极其不易，而营售一体化要求大量企业员工都要做出改变。

然而，彩虹尽头的那罐金子一定是值得寻找的。可以肯定的是，销售部门和营销部门都没有按现有的分工运作。例如英国的移动电话公司沃达丰（Vodafone）几乎没有销售团队，但有一个（罕见）强大的营销部门，能够在市场上充分发挥影响力，让所有的潜在客户认识他们。他们在公司网站上提供一个足够有效的转换工具，客户可以在线购买，抑或是到店里购买。不管怎样，在很大程度上，销售团队已经精简为商店员工。这是你公司想要实行的吗？你一定不想采取这种做法。同样，你肯定也不希望公司的营销部门被一个外包的企业宣传册网站，或是擅于自我营销的销售团队所取代。

因此，如果你赞同我们的观点，那么请你踏上营售一体化之旅，推动营售一体化的发展，或者至少是推动与其相关团队的发展，因为这就是企业未来的发展方向。

小结：赢得各方支持至关重要

没有计划往往意味着失败。在企业中推动任何变革，都有必要制订计划。确认哪些员工和部门抵制变革，采取相应的策略以赢得他们的支持，并确保他们充分了解实施营售一体化的重要意义（和潜在荣耀），从长远来看，这大有裨益。

有句老话说："改变是激动人心的，尤其是看到别人改变的时候。"因此，确保参与营售一体化转型的员工都能真正认同营售一体化，是至关重要的。尽管营售一体化的长期目标非常令人神往，但就像其他变革项目一样，在短期的工作流程当中，各部门仍然需要脚踏实地！

总而言之，我们需要认识到，在变革中整合各部门的观点、赢得员工的支持虽然非常困难，但也比你单枪匹马地寻求转型，要容易得多。

自我调查问卷

1. 你的公司准备好向营售一体化转型了吗？

2. 实施营售一体化将面对哪些阻力？

3. 你需要承担哪些风险？

4. 为了应对这些风险，你采取了什么做法？

5. 你会找谁来支持、拥护和推广这个项目？

第八章

统筹一体化：衡量、报告和管理

> 在动荡时期里最大的威胁不是动荡本身，而是用旧逻辑去思考新问题。

——彼得·德鲁克（Peter Drucker）

我们曾在其他章节中提到过衡量的重要性，事实上，报告和管理也同等重要。在本章结尾处，我们会得出结论：在营售一体化过程中，有序地衡量、报告和管理乃重中之重。本书所有要点都体现出衡量及反馈在营售一体化中的基础地位。在做出决策时，企业应实事求是，凭借"直觉"去决策这种方式是不可取的。

现有信息是决策的依据。无数企业曾因不了解其内部财务状况而破产，不同规模的企业都深受其害。但我们深知，企业破产不能只归结于财务报告，其他部门也难辞其咎。而营售一体化可以提供有效、有用、有见地的报告，从而帮助企业应对财务挑战。

在一家依靠网络流量的企业中，如果其网络流量显著下降，那么预计在接下来的环节，企业的整体利益（即最终收益）将会减少。若企业有长远的眼光和精准的洞察力，就可以未雨绸缪，从而减轻此类影响。这正是营售一体化需要努力的方向。本章，我们会概述一份合格报告的必要性及方法，以使公司的衡量和管理工作以有序方式推进。

明确目标，衡量进展

> 有效治理的本质是快速做出决策。

——皮尤什·戈亚尔（Piyush Goyal）

有效治理能确保营售一体化的实现。有效治理要求启动相关流程，以逐步拓展企业所掌握信息的深度和广度。这是迈向现代营售一体化的关键步骤。工作伊始，我们就要对最终结果有一个清晰的目标，以衡量工作进展。这一目标应该简单、直接，并在营售一体化的团队领导层之间达成一致，特别是要得到营售一体化的团队主管的认可。为此，我们要建立端到端报告，而且报告应该满足以下要求：

- 在整个客户参与周期内提供一致连贯的报告。
- 此外，团队可以有一些附加方向。
- 衡量所有方案及产品与客户的互动情况。
- 在整个过程中，为与客户互动的团队提供报酬。
- 根据第一方数据的意向特征，促进客户对数据的理解。

确立明确的目标，并就其达成一致后，领导层要负责推进并致力于实现这一目标。

我们已经讨论了将运营团队统一为营售一体化运营团队的重要性，这是实现营售一体化的主要驱动力。若无团队的统一支持，报告视图就无法统一地一针见血地分析问题。

营售一体化运营团队的三个部分要齐心协力，互相配合：

- **营销运营团队**：这一团队支持营销，传统上负责 CRM 系统中的营销部分。通常情况下，营销运营部门会针对不同的分析维度制订报告，其分析结果可能会保密，也可能会在公司内公布。此报告的最后阶段通常是生成某种形式的 MQL，这就是营销的"输出"。
- **销售支持团队**：此团队掌握营销技能，对实际业务实践具有较强的洞察力，掌握大量的信息，是营售一体化运营团队的关键部分。它向包括营销在内的整个团队提供支持，可以更大限度地发挥团队合作的价值，但是该团队传统上并不支持营销。

- **销售运营团队**：通常情况下，该团队关注生产线报告，尤其是客户参与周期底部的指标。许多企业将其视作最重要的指标，并由销售领导层上报给财务部和董事会。

团队合作能产生许多积极的影响，其中关键的一点是使得整个客户参与周期清晰可见。如上所述，传统上的销售工作只由销售部门完成，大多处于客户参与漏斗底部，上述这些指标未被列为销售的影响因素。然而时过境迁，现今这种关系在客户参与的早期阶段就存在，并将在客户参与周期产生连锁效应。

完善衡量和报告系统

销售和营销分属于不同领域，多年以来，其报告和信息也各行其道。你不免发现，在专业培训或教育期间，他们已对销售或营销相关模块、课程或书籍有所接触。当然，在接受各类销售和营销培训时，他们会对连坐数小时聆听营销报告详细讲解的场景记忆犹新，并认识到 MQL。但在实际营销过程中，销售团队才会意识到这些问题的重要性，并努力避免对营销线索采取"独善其身"的做法。这种状况能否得到改善还有待观察，但我相信企业中的销售和营销专业人员都不会忽视这个问题。从销售的角度来看，在和营销线索打交道的过程中必定会产生多种情绪，消极情绪是不可避免的。流程和报告的分立就是问题所在。无论出于什么目的，当今销售和营销应对造成这一状况的原因予以关注。

从最初与客户接触到产生符合营销要求的潜在客户（或产生类似的结果），再收到这些客户的反馈，这就是常见的营销部门的营销过程。并非每个部门都清楚地了解整个"漏斗"，由公司收入目标和薪酬计划驱动的报告和衡量通常也是不完善的。更复杂的是，同一部门的不同团队对报告各有侧重，并使用不同的术语来表述业务进展和成效。企业规模越大，这种情况就越为复杂。

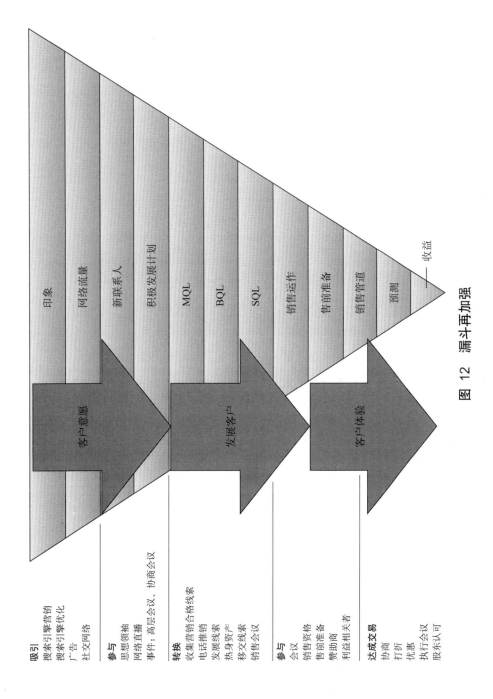

图 12 漏斗再加强

吸引
搜索引擎营销
搜索引擎优化
广告
社交网络

参与
思想领袖
网络直播
事件：高层会议，协商会议

转换
收集营销合格线索
电话推销
发展线索
热身资产
移交线索
销售会议

参与
会议
销售资格
售前准备
赞助商
利益相关者

达成交易
协商
打折
优惠
执行会议
股东认可

印象
网络流量
新联系人
积极发展计划
MQL
BQL
SQL
销售运作
售前准备
销售管道
预测
收益

客户意愿
发展客户
客户体验

为了充分发挥营售一体化的作用，我们必须保证在整个客户参与周期内（从吸引顾客到交易结束），由单个运营团队负责提供完整的业务报告。

这个过程的另一个重要部分是调整营售一体化使用的报告术语。保持术语一致至关重要，这样才会便于理解并提供借鉴。那样我们就可以在 CRM 系统中交流每个报告，并通过团队合作，使得营售一体化团队乃至更广泛的业务部门通过这种方式促进相互之间的理解。这意味着，即使团队职能不同，度量方法也可以通用，这就使得复杂问题简单化了。"同类比较"这句老话就是这个意思。

如果实现了这一点，就会产生以下这些明显效果：

- **业务一致性**：若企业的所有部门保持观点一致，那么高级营售一体化管理层就可以对其进行整合，从而推动整个业务的一致性。对比标准对各部门进行调整的能力对实现一致性至关重要。
- **单一报告视图**：集中创建单一视图节省了创建单个报告所需的时间，提高了效率。随着对信息的解读不断优化，所有人在决策中的价值也将迅速显现出来。
- **标准术语**：标准术语便于同类比较，有利于向单一报告视图转换。
- **标准评估**：从单一视角切入整个客户参与周期，便于审查某些步骤，并根据行业标准深入推进流程在各部门的实施，以了解哪些做得比较好，哪里尚需改进。
- **意图分析**：从第一方数据中确定意图至关重要。我们将在本章后面部分对此加以详细介绍，但借助单一视图对客户或潜在客户进行分析将有助于确定客户意图。

关注数字，改变视图

营售一体化运营团队在推进端到端报告方面发挥重要作用，除此之外，该团队还需要执行许多其他任务。企业在执行任务时，需要遵守《通用数据保护条例》以及其他具体行业法规。营售一体化部门的建立以共同实践和了解为基础，也将有助于促进任务的达成。首席营售官确定团队的业务范围并对其提供支持，在这一过程中将发挥至关重要的作用。

一个可以胜任任何项目的子团队可以促进高效运营，特别是辅之以动态操作模型时。而项目管理办公室相当于军队中执行关键任务的特种部队，因为军队中的关键任务不能由主力部队执行，否则会分散注意力。这一子团队可以快速有效地执行业务流程，进行方案测试。他们熟悉整个企业的操作流程，可以组织小型团队来试验新产品，开设新办公室，部署新系统，或者只针对集中报告中的现有数据进行新的分析。

子团队的规模和侧重点取决于业务的规模，但这些项目一定要有专人领导，这是完成实际动态业务的重要因素。员工在日常上网工作中通常会遇到特殊项目，因此企业要安装专业宽带以提高项目灵活性，否则会导致特殊项目失败。在快节奏的世界中，这一点至关重要。

改变视图

在市场参与方面，要从单一的视图转向更为全面的视图。这是营售一体化进化之路的核心。要想实现这种转变，我们也要以不同的视角审视企业在市场中的互动方式。这种转变也会培养员工从第一方数据中获得基于意向的市场视图的能力。在 B2B 企业中，创建单一视图是报告的重要途径。然而，我们却不再关注单一的指标，比如与决策相关的领导，而是以一个整体观点审视业务中的互动方式。

这种方法实非罕见，但是很难实现，因为原有过程和系统通常以交易为中心，所以不能提供这种跨业务的视图。对于设有多个部门、生产多种产品的复杂企业而言，营售一体化尤为重要，它优化了整体客户体验，提升了客户参与度。我们在保险业遇到的类似情况也有助于说明这一问题：几年前，保险业的法宝是多渠道解决问题，现在大多数保险公司都采用营售一体化的方法，来吸引客户和潜在客户。这些公司曾面临这样的问题：客户体验质量在各业务部门略有不同，客户信息无法共享。客户并不关心这些内部挑战，他们只是担心，电话交谈中是否会涉及产品内容，网上账单是否会根据电话商定的结果进行更新。多次试验之后，保险公司解决了这个问题，为其内部团队建立了单一客户视图。在许多情况下，我们现在对客户有一个单一的视图，但这并未在报告中有所体现，当然也没有贯穿整个客户参与周期。

因此，营售一体化运营团队的目标是为每个项目或客户提供此视图，从而为每个目标客户提供参考。这是客户互动评分（Account Engagement Score，AES）或客户意向值的开端。

客户互动评分

客户互动评分应将企业所有相关数据与客户的互动考虑在内，根据每项业务的重要程度进行评分。这应该以第一方数据为基础，借助域跟踪进行网络访问，从而对每个销售机会进行评分。企业会基于这个得分审视市场，并通过对数据的交叉引用凸显团队关注的最佳领域。此处，我们应重视客户与整个企业的互动，而不是其中的某个部门。

要构建与业务契合的 AES，你要综合考量漏斗中的各个分组，而不是对其顶部、中部或底部过分侧重，以使这些指标在衡量你和客户的互动方面发挥最大的作用。例如，一位销售代表致力于促成一项关于产品 A 的交易，她发现公司的客户互动评分非常高，并查看了相关数据，发现负责吸引潜在客户的工作人员已就产品 X 的相关问题上传至网站访问和视频观看。通过这些信息，她发现相比产品 A，产品 X 作为后续购买产品的优势所在。她已经针对产品 A 与客户进行过互动，所以不可以中途退出。但她希望这一行为能够增加目标客户对她的好感，以求公司开展产品 X 相关业务时可以得到客户的帮助。

意图分析为企业提供了一个新视角。如果进展顺利，你可以将其付诸实践，从而更好地与潜在客户互动。许多企业可以提供第三方意图数据，从许多来源获取网络流量信息并将其映射到域名。通过客户互动评分这种方式，这些第三方意图数据丰富了第一方意图数据，并在重要领域提供完整的意向总结，从而指导你的业务。此时，我们致力于提高业务专注度并对资源进行有效部署。你可能遇到过这种情况：整个营销或销售活动都是针对市场中有利可图的部分进行，但事后却大失所望；究其原因，可能是实力不敌竞争对手，可能是出现意外没有通过利基监管，也可能是出现了其他问题。为了减少此类问题的出现，企业会使用意图数据了解目标业务。

如此一来，企业就可以主动参与互动。这是一个巨大的机遇，是营售一体化的核心。

衡量、报告和管理中的挑战

实际上，实现上述目标绝非易事。在整个客户参与周期中得到一份报告以及相应的客户互动评分是一项重大的挑战。当你读到这篇文章时，无疑会联想到在你的公司中实现这两个目标的种种障碍。在这里，我们概述了一些主要障碍及其解决之策。

挑战 1

显而易见，第一个挑战是整合两个部门的员工，这往往是最大的障碍。变革管理项目关键要获得客户支持，这个项目也不例外。前文概述了在整合员工过程中所遇到的挑战，运营团队也要对这两个部门的员工进行整合。不过，总的来说，在营售一体化的转变过程中，任命单一领导并开展某些即时项目之后，团队也会开启转变之路。与营售一体化部门中的某些实际执行团队不同，运营团队的技能通常是相似的，只是在业务的不同部分发挥作用。这只会扩大某一角色的范围，却不能促成更为深入的变革。

挑战 2

在此基础上，CRM 系统将成为实现营售一体化过程中的核心。总的来说，CRM 系统的流程和设置不应该有太大的变动；它应着眼于维持数据的活力，并对团队提供支持。运用 CRM 系统关键要掌握报告和数据，并通过运营团队对其加以利用，以实现我们为之倡导的营售一体化。

除了 CRM 系统之外，网络分析也有助于掌握客户与企业的互动情况。营销离不开网络，我们要重点关注这一领域，并通过客户互动评分，将分析数据纳入第一方意向视图之中。使用最新的网络分析工具，特别是域跟踪，将有助于员工及时发现问题。如果不可能提供任何域跟踪（这可能有很多原因），那么请使用更传统的方法来了解你的访问者所在的公司及其账户。或许一张简单的表格就足以解决问题。例如，在网站首页的一栏上写着"为了给你提供更好的服务，请告诉我们你的公司名称"；在访问者与公司进行了充分的互动并填写了完整的回复或登记表之后，所有活动都会基于这个账户进行。

直面挑战有利于解决这些问题，但创建人人认可的单一视图仍然很难实现。业务中可能仍然存在个体报告，这些报告的发布可能会占用资源，或者与运营团队希望构建的单一视图不符。在这一过程中，可能会使用不同的术语，或者延迟采用行业术语。同样，对于运营团队来说，根据这些问题来确定重点团队是至关重要的；随着时间的推移，当单一的集中生成的报告视图的价值显现时，这些问题就会减少。此外，在构建报告时，可能无法找到每个报告问题对应的解决方案，因此可以根据需要使用其他的维度，此举将有助于减少个体报告的出现。

这是一个重要的因素，对于规模巨大、结构复杂的企业而言更是如此。在这样的企业中，报告需要覆盖整个营售一体化团队的不同部门。不同部门业务不同，许多企业可能会因此支持不同的报告机制。销售管道覆盖率可能就是一个例子；拥有先进的产品或服务的团队对管道覆盖率没有过高的要求，但若是团队解决方案老旧且具有挑战性，可能会需要更高的管道覆盖率。这些都是做报告的操作团队需要处理的问题，应将其纳入管理流程，这样才能做出合适的报告。在本例中，即使此管道覆盖范围不同且不连续，以前的指标也可以通用，那样就可以产生相同的数据字段、相同的产品价值、一致的或等效的权重。使用相同的数据字段是关键。

以人为本的衡量、报告和管理

很明显，营售一体化的实现需要一个强有力的领导，而确定合适的人选是这一步骤的关键。若把这当作一项业务处理，该领导可能是从公司内部指派，或者从外部聘用。但作为营售一体化的第一个主要步骤，寻找领导者需要集中精力。我们需要将此人的品质与营售一体化领导的特质进行比较，以判断其是否具有领导者的潜质。除了关注团队领导，我们还要将重点放在其支持团队上。历史上，销售运营与营销运营分属不同团队，我们要保留团队成员。因为，团队成员积累的知识及对系统的洞察力将是实现营售一体化运营的基础。之后，我们要与营售一体化主管和人力资源团队密切合作，以减少重大变革项目可能带来的人才流失。人力资源团队是营售一体化主管关注的第一个团队。通过会议、演讲和一对一的交流，将有助于减少人才流失，并凸显人才在创建营售一体化部门的过程中的重要性。

小结：修正报告，步上正轨

即使你什么也不做，你也必须修正报告，使其涵盖整个客户参与周期。这是支撑营售一体化的一个关键因素，因此，如果你做到了这一点，你就在营售一体化上步入了正轨。随着时间的推移，各部门将根据从单一营销和销售报告中得出的结论和见解，不断完善工作。

摆脱孤立的销售和营销报告不是一个选择，而是在数字世界中生存并推动业务发展的一项要求。从长远来看，不苛求于销售和营销，才有机会扩大市场份额。一旦你实现了营售一体化，你就会认识到这一点。在数字世界中，报告促进了营售一体化的实现，变革及信息更新的速度对其影响巨大。此时，我们致力于概述如何改变你的运营重点，以便更好地了解客户和潜在客户。

我们对业务的分析应从被动的回顾性分析转向使用意图数据的前瞻性分析。改变营售一体化团队的操作方法和报告方式有利于实现这一点。随着时间的推移，这些报告的应用范围不断扩大，使得整个企业了解报告以及从报告中得出的结论。此时，运营团队可以授权营售一体化主管，并帮助他们积极推动企业发展。

对于相关人员来说，营售一体化的转变令人振奋。从一个非常积极的角度来看，这有利于促进企业繁荣，而运营是其核心所在。对所有态度正确的运营专家而言，这将是促使他们为营售一体化提供最佳服务的动力。

自我调查问卷

1. 你是否依赖其他部门来撰写所需的报告，或者你是否能够证明自己的 PMO 是合理的？

2. 你的 CRM 系统是否仍然适用？如果是，你是否有相关的报告来支持包括销售、营销和运营的项目？如果不是，你需要收集用户需求吗？

3. 虽然营售一体化计划不会影响预测过程，但人们可能会将预测中出现的任何下跌趋势归咎于此。这种下降可能来自外部环境、过程变化或仅仅是为了获得更好的数据。你是否愿意在程序和规则方面支持这一点？

4. 你最不希望出现数字不一致的情况；在项目实行过程中，你是否对不同系统进行了测试，以确保不会出现这种情况？

5. 如果销售和营销部门要共享预测信息，那么人们是否已经协调一致并可以理解不同团队的职责所在？例如，你不希望销售管理 MQL/MQA 方面的所有内容。他们还需要明白，某些比率不需要从漏斗的顶部来衡量，比如输赢。

marketing

第九章

支持营售一体化的实用工具

技术只是一种辅助，重要的是员工，你一定要相信员工。一般情况下，他们心地纯良、精明能干，如果为他们提供这些工具，他们则会在这些工具的辅助下出色地完成各项任务。

——史蒂夫·乔布斯

本章，我们将讨论两种不同类型的数据——第一方数据和第三方数据，以及你可能使用的一些工具。之前我们也提到过意图数据，本章，我们将集中讨论在营售一体化的企业中，如何使用数据来帮助我们做出明智的决定。

企业在实行营售一体化的过程中，需要衡量整个客户参与漏斗的进展，以便股东可以了解相应的流程和阻碍。前文，我们讨论过如何将人力资源部门纳入项目中，整合员工的薪酬和目标；我们也讨论过哪些管理者能够帮助实施项目。接下来，我们会提到销售支持，其作用是"为你的飞机提供引擎修理"。

启动的时间和方法

本章主要谈论工具，但同时也会涉及数据和业务流程。

普鲁士将军卡尔·冯·克劳塞维茨（Carl von Clausewitz, *Vom Kriege*）说："追求完美化，是一个优秀计划最大的困难。"

在我们的培训课程结束时，我们经常会使用这样一幅漫画：两个人都在准备种一块地，第一个人一直在思考，应该使用哪种栅栏、是否要修建一条路、应该怎样浇灌田地，而第二个人只是在默默地耕种。一段时间过去了，第一个人还是在想着应该怎么耕种，而第二个人早已收获了播种的作物。这个故事的寓意是：你需要有执行力，你可以花费大量时间思考和计划，但最好的方法就是即时执行。我喜欢中国有句古老的谚语里蕴含的哲理："种一棵树的最好时间是20年前，其次就是现在。"

员工谈论客户需求挖掘方案时，亚当经常问他们："电话联系频繁吗？"这是一个隐喻，即特定的销售活动、营销活动、横幅广告、新标志、电话销售等，是否给企业带来了收益？我们不会在此谈论企业新标志的利弊，但你可以思考一下：你做一些事情时，如果不是为了达到目的，比如增加收益，那你为什么要这样做呢？

雨果也讲述了他的经历，很多人都抱怨他的网站 SEO（Search Engine Optimization，搜索引擎优化）非常差劲。因此，营销团队开展了一个项目，对所有的关键词进行头脑风暴、优化网站和内容，同时还购买了昂贵的谷歌关键词广告。因此，如果有人搜索这些关键词，他们就会想方设法找到相关信息，把他们变成潜在客户。可问题在于，它产生了太多潜在客户，营销团队根本无法面面俱到，而当他们核实线索时，发现这些线索并不适用。例如，雨果的公司将产品出售给在特定门槛以上的企业，而这些企业的客户却处于门槛以下。

格雷迪·布奇有句名言："使用工具的傻瓜还是傻瓜。"尽管我们接下来会介绍一些对你有帮助的工具，但我们不想让你不知所措，也不想让你认为我们是在为某个供应商做宣传。我最近读了一本书，书中一直提到赛富时（salesforce.com）这一软件公司，以至于我都认为是在打广告，所以我只是草草地读完了整本书。

在写作本书时，我们试图找寻是谁说过"大数据是未来的新石油"，可似乎包括我自己在内，很多人都这样说过。我们可以质疑这句话，但大数据的确是企业最有价值的资产，能够帮助企业实行营售项目，重视并发展大数据。

以下是两个与数据相关的术语：

- **第一方数据**：这是企业自身收集的数据。不管数据是来源于客户关系管理系统、营销自动化系统，还是企业网站，你都需要加倍珍惜。
- **第三方数据**：这是其他公司收集的数据。这一类数据较多，可能会比第一方数据更简洁，能够让你从中受益。

以领英网为例，他们得到的是第一方数据。领英用户更换工作时，会在上面更新信息。然而，领英网 CRM 系统上的姓名和职务都有期限，不能实时更新。

在本书中，我们已经谈论过销售和营销之间的鸿沟。那么，销售是在哪一阶段结束？营销又是在哪一阶段开始呢？我之前提到过，销售部门是在向那些 SQL 推销，但在营售一体化的大环境下，我们不再享有这种条件。商业世界日新月异，我们需要重点关注目标和薪酬，因为薪酬驱动行为，而目标和薪酬密不可分。

我们的建议是，企业在实行营售一体化时，这两个部门的目标需要紧密结合，例如，营销渠道应该与销售配额挂钩。我们之前讨论过营销和销售团队需要使用共同术语，同时，他们也应了解对方的目标。也许最具争议的话题是：这两个部门共同的目标完成度决定他们的薪酬高低。我并不是说要放弃一些"空洞"的营销策略，比如品牌推广；而是企业应该了解，在营售一体化的过程中，如何才能实现利益最大化？

项目在启动时，销售部门和营销部门需要签订一份服务协议，在协议中明确双方的责任和义务，保持术语定义的一致性，这大有裨益。

获得营售支持

在实行营售一体化的过程中，企业必须竭力解决的一个问题是："如何在更换飞机引擎的情况下，让飞机继续飞行？"生活还在继续，企业需要制定目标、获得收益，你不能突然停止企业的正常运营，去建立新的流程和企业文化。每个新的财政年度或每半年，企业都可以进行变革，但同时，你也必须花费大量的时间和精力，加强与员工的交流，获得他们的认同。

蒂姆在他关于社交销售的书中也提到了这一点：企业需要任命员工来支持营售一体化，这些员工要在团队中可信度高，且致力于促进营售一体化的发展。

"销售支持"这个词在当下非常流行，它能够为企业的发展做出贡献。当然，因为它的名称是"销售支持"。很多人都认为它属于销售部门，但在营售一体化的过程中，我们也可以称它为"营售支持"。

如果你想进一步了解营售支持协会，请访问：https://www.sesociety.org/home。

供应商经常说他们可以提供成套的应用程序。很多情况下，企业的业务流程是由许多应用程序组成的，而软件包只能独立地执行单个业务流程。我们还不知道有哪家公司可以提供全套的营售产品（这可能是一个新兴市场），很多公司现在只是在做软件包，但不能适用于企业的全部流程。

人力资源的作用

企业在调整薪酬时，也需要改变相应的条款和条件，这一直是一个敏感领域。正如前文提到的，营售一体化项目不仅关乎销售和营销，还与企业的各个部门息息相关。人力资源必须加入营售一体化项目中，除了负责常见的薪酬管理，还需要负责以下几个方面：

增进交流

企业必须制订一个清晰的交流计划，计划不只针对销售、营销，还应包括运营、服务、支持、采购和供应链管理。切记：生产链和供应链必须要准确预测企业的销售定位，这样它们才能生产出正确的产品，并将其运送至客户需要的地方。我们在前文也讨论过，为了收集全方位的反馈和建议，企业要尽可能地让各部门员工都加入到客户旅程地图中，这些员工可以成为传播营售一体化项目的大使，传递相关信息给其他员工。虽然企业往往会抑制不同意见，但你应该广开言路，因为有些员工在企业很多部门都任过职，具备某些特定的技能，他们想出的点子，可能是你闻所未闻的。当然，由于他们经历过许多重组，可能会极具批判精神，他们经常这样说："我敢打赌没人能想到这一点。"而这种见解是无价的，值得我们认真倾听。

加深员工对客户参与漏斗的了解

每个人都是天生的销售人员，你需要让客户旅程地图中的所有员工都了解企业的业务流程（结合客户旅程地图）。例如，你可以让员工查看绘制好的旅程地图，并听取他们的建议。就像企业在制订方案时，应该集思广益，鼓励员工加入进来一样。企业也要将旅程地图公之于众，供员工讨论，让那些原本不了解销售和营销的员工加深对它们的理解。蒂姆的祖父唐纳德·休斯（Donald Hughes）是一个仓库工人，曾为英国汤姆森－休斯敦公司（Thomson-Houston Company）提供了一个建议方案。弹簧垫圈是无数机电设备构造中的重要部分，唐纳德·休斯为弹簧垫圈设计的海报中，有一张着重关注了它的简单性，这无疑是一个很成功的想法，而这一想法并不是来源于营售一体化的团队。

团队再整合

你可能希望了解，营售一体化的团队职能分工与以往有何不同。但我们的任务不是向你介绍，企业在营售一体化的过程中应该如何安排员工。我们的建议是：在参与漏斗的不同阶段，你需要尝试任命不同的员工。你可能会说，这和之前的分工类似：营销部门负责漏斗上部，销售部门负责漏斗下部。为了尝试弥合销售和营销之间的鸿沟，你不妨换个视角，关注漏斗上部的员工、漏斗下部的员工，以及漏斗中间的员工。

人力资源

除了要调整职能分工、薪酬和目标，人力资源还需要任命新的首席营售官。如前所述，他需要肩负起传统销售和营销的领导责任。

培训和支持

在变动员工职能时，人力资源需要提供配套的培训和支持。企业在做变革预算时，并未把员工培训和支持的预算也包含在内。甚至有员工认为，开一个小时的在线研讨会、在网络上发布相关内容，员工就能自主学习。而实际上，改变并非易事，要想改变员工的工作方式，我们在此推荐"70∶20∶10 学习法则"。

70∶20∶10 学习法则

"70∶20∶10 学习法则"不仅是一种风靡一时的培训模式，还有助于企业的成功。研究表明，这一法则是最有效的培训模式，可以让员工适应工作环境的改变。员工在参加网络研讨会时，经常做其他事情，如吃午饭、发邮件、读报纸等，这种方式有助于传播技术信息，但不利于推动企业的变革。

迈向成熟（Towards Maturity）商业转型咨询公司的一项名为"70+20+10=100：数字背后的证据"的研究发现［奥弗顿（Overton），2016］，如果学习者 70% 的知识是来源于自身的工作经验，20% 的知识是来源于观察其他员工，10% 的知识是从正规的培训课程中获得，那么他的能力就会得到显著提高。你参加了无数次培训课程，讲师在课上向你展示了 200 张幻灯片，这些都无关紧要，因为你在实际工作中仍然是循规蹈矩。

"70+20+10=100：数字背后的证据"研究表明，遵循这种学习模式对员工大有裨益：他们适应业务变化的速度是之前的 4 倍（30% vs 7%），积极性是之前的 3 倍（27% vs 8%），客户对员工工作的满意度也提高了 2 倍。

迈向成熟公司表明，"70∶20∶10"的学习比例是一个很好的经验法则，可以促使员工愿意持续学习，有利于提高员工的学习效率。坚持使用这一法则的企业，提供工作辅助工具给员工的比率是之前的 4 倍，鼓励管理者支持学习的比率也是之前的 4 倍，帮助员工获得信息的比率是之前的 11 倍。

该研究还发现，由于"70∶20∶10学习法则"否定了正规培训的作用，只为企业削减了培训预算，很多关于学习与发展的组织领导者并不认可这一学习模式，他们认为这些比率并未改变。然而，迈向成熟公司认为，这种消极的想法非常不切实际。

研究还发现，那些使用"70∶20∶10"学习法则的人，全面分析业务问题的可能性是其他人的2倍，让用户参与学习设计的可能性是其他人的3倍，使用间隔学习来帮助记忆信息的可能性是其他人的7倍。

部门服务级别协议（SLA）

销售和营销的部门服务级别协议（service-level agreement，SLA）规定了每个团队的任务，从而促进实现共同的目标。开展有关SLA的讨论有助于实现部门目标的一致性。SLA应强调双向促进：营销促进销售，即潜在营销线索有助于促进企业实现销售目标；反过来，销售也会促进营销，即销售人员快速且有效地追踪线索，会产生经济效益。

如今，社交销售高度发展，开发潜在客户的责任主要是由销售人员承担，拥有高超社交能力的销售人员将使用社交网络，主动开发潜在客户；而营销主要致力于打造企业品牌。值得注意的是，销售人员现在也是企业品牌的一部分。买家在社交网络上搜索产品，找销售人员询问产品信息，或是征求信任朋友的建议。在实行社交销售的企业中，销售的流程就是开发潜在客户，这打破了过去营销部门主导开发客户的模式，这是一种极端的模式，或者说是传统销售方法（如无约电话）的结果。

具体的实用工具

我们认为，你需要统一衡量标准，使之能够涵盖整个客户参与漏斗：从最低的 MQL 或 MQA，到达成交易、签订合同，再到最终的收益。衡量端到端的漏斗进程有利于进一步优化流程。你需要提供相关报告给公司股东、部门主管以及系统用户。同时，你还需要关注线索发展动态、瓶颈以及输赢状况。

这可能很类似于工作报告的模式，事实也的确如此。但你在进行这一变革时需要基于企业实际情况。例如，微型独资企业可能使用敏捷集团的产品，而像那些资产达数十亿美元的大型跨国公司，则会使用甲骨文公司、赛富时公司、微软（Microsoft）的产品。

配置报价（CPQ）软件

提到配置报价（configure price quote，CPQ），销售人员会把账簿扔到地上，因为那有损他们的薪酬；而营销人员则会欢呼雀跃，因为他们期望加薪。实际上，尽管可能会有一些调整，但工资应该基本不变，输入到 CPQ 软件当中。

CPQ 软件问世已有多年。对许多公司而言，销售薪酬中的错误经常是一个"顽疾"。制订薪酬计划看似简单，但真正实施起来却无比复杂。销售需求中免不了会出差错，形成双重流程，因此，销售人员创建电子表格，检查财务的薪酬计算是否无误。这让销售人员困于与业务无关的活动，同时，他们与管理层之间互发邮件，双方各执一词也会浪费管理层的宝贵时间。

C 代表配置（*configure*）

我们生活的世界并非千篇一律。汉堡王（Burger King）公司有一句知名广告词："我们可以随心所欲。"在生活中，我们不仅希望汉堡的配料能符合我们的口味，还希望所有事情都能如我们所愿。

我们创建音乐自定义播放列表，在经销商网站上按我们的需求配置汽车，甚至在线设计个性化的鞋子和牛仔裤。消费者在购买产品时，根据自身意愿来配置产品；但在企业的业务活动中，应该依据消费者的需求来配置产出，以达成订单。

为了满足买家的需求，B2B 卖家不仅要构思别出心裁的产品，还要提供与众不同的服务，如果你做不到，那你的竞争对手就会胜过你。借助 CPQ 软件，你的销售团队能够遵循业务规则，配置出让客户满意的产品。在 B2B 这一商务模式中，客户订单中所需的物料清单可能复杂无比，配置和选择也各不相同。每条生产线都需要客户投入资本，供应商从中获取利润；生产线中也包含一些固定成本，包括工资和佣金。不同的产品可能涉及不同的佣金项目，这对于财务部门来说无异于一个噩梦。

P 代表定价（price）

很少有公司向客户出售全价产品，大多数都会提供特价产品、组合定价或批量定价产品。而销售人员极有可能再对产品降价，以达成交易。实时追踪产品现行定价、折扣价格以及组合定价让人头昏脑涨。

而且，如果销售人员误用折扣，很有可能压榨企业的总体盈利。如果你报错价，会让你尴尬万分，甚至还会中断交易。特价和折扣通常只适用于特定的产品或服务。很多次，你走进一家大减价的商店，你依旧是在看摆在货架上的当季商品，却对打折商品视而不见。

CPQ 软件有助于管理所有产品和服务的价格，使你的销售团队能够快速而准确地提供统一定价（包括可用折扣）。

企业需要设立高级定价标准，以处理批量折扣、会员折扣比、预先协商的合同定价、渠道定价和合作伙伴定价。使用 CPQ 软件，你企业的定价定能准确有效。

Q 代表报价（quote）

在完成交易之前，必不可少的一步就是提供报价或提案。销售人员花费大量时间和精力才赢得报价的机会，因此，他们必须足够专业，向客户提供及时且准确的报价，而 CPQ 软件就是万全之策。

只要轻触屏幕，销售代表就能创建报价，通过电子邮箱将报价发给客户，他们甚至可以通过电子签名来完成交易。在这一过程中，CPQ 软件能够自动配置产品并报价，确保流程的一致性。

CPQ 软件同时也给销售人员提供了选择报价、物料清单、折扣价格的机会。公司在进行决策时，如果需要不同层次的意见，也可以用 CPQ 软件来辅助。可能这听起来像大公司中才会存在的问题，但即便是小企业，也需要确保销售人员的报价合情合理，让公司有利可图。

所有的常规供应商都可以使用 CPQ 以及其他的专业软件。我们在这里想要向你强调的并非软件，而是一种思维方式——使用软件来辅助薪酬方案的制订。你需要整合参与漏斗员工的薪酬，这一点至关重要。

意图数据

一般情况下，人们都知道漏斗，注意：我不将它称为销售漏斗，因为它并不局限于销售层面。希望通过前几章的铺垫，你也能理解，在营售一体化中，各个部门都应积极参与到这一漏斗中。

你在社交媒体上做的品牌推广和宣传活动，会影响到客户体验，而这也是客户旅程的一部分。可能会有客户想要购买你的产品和服务，但因为你的宣传做得不到位，他们甚至都没听说过你的公司。

用户意图

如果买家开始在谷歌上搜索你公司的产品或服务，这为意图；买家浏览网站，同样也是意图。观看 YouTube 视频、浏览博客或白皮书，甚至是询问："我想买辆车，有什么好的推荐吗？"或者是"我们想要提升网站质量，有什么好点子吗？"以及"公司现行的会计系统已经无济于事，有什么建议吗？"，这些都是用户的意图，公司需要认真对待。

品牌观察（*Brandwatch*）

Brandwatch 是我们协会使用的工具，可用于聆听人们在线上渠道的对话。通常，我们使用 Brandwatch 聆听客户在社交媒体上的对话，但它也可用于聆听人们提及特定角色及名人时的对话。

微软 *Dynamics 365*

微软 Dynamics 365 社交销售助手可帮助销售团队从社交帖子中得到启发，并确定后续方案。例如这样的社交帖子："有人能帮我收集垃圾吗？"

借助微软 Dynamics 365，你可以设置"意图标签"，客户在帖子上发出购买信号和请求时，企业就会使用机器学习对其进行突出显示。这听起来可能有点儿像《进取号星舰》（*Starship Enterprise*）电影中的场景，但实际上，它操作起来十分简便。

现在我们想谈一下"机器学习"的操作流程：它会从社交媒体网站中收集数据、发现客户"意图"，并给你提供出现频率最高的 10 个意图。你可以浏览这些意图，决定是否采纳。你每次做出决定时，机器都会学习。显然，你做出决定的次数越多，它就越能了解你的需求。销售也会根据客户的地区、部门、需求和发帖内容，定制专属的反馈，以满足客户的需求。如果客户愿意购买产品，Dynamics 365 上就会留下一条新的客户记录（MQM）。这也意味着，销售人员能够监听他们所需的内容，而非泛泛之谈。同时，Dynamics 365 社交销售助手能够为销售用户提供专属发帖建议和相关信息，他们可以在与客户的下次会议上进行研讨，也可以在网络（如领英、推特）上分享这些内容。

销售用户每天花费几分钟查看列表，就能够获取有用信息，并分享在网络上，激发客户的兴趣。社交销售助手通过监听那些关乎你利益的客户和话题，提高你的社交存在感，让你通过分享帖子、加入对话来赢得客户信任。

潜浪（Bombora）：*https://bombora.com*

一些公司从第三方公司获取意向信息，而我们熟知的一家第三方公司是Bombora，以下是它的重要用途：

1. 传递特定客户的意图数据给销售人员。借助 Bombora，销售人员可以优先关注特定的客户。一般情况下，客户在查找和评估产品时，销售人员甚至都毫不知情。同时，借助 Bombora，销售人员可以给现有客户提供他们所需的对话。公司在制订销售方案时，只有充分了解客户，才能提供让他们满意的产品和服务。例如，如果Bombora 提供的意图数据显示，客户正在搜索与机器学习相关的信息，你们的对话就应该聚焦于机器学习。

2. Bombora 也可用于现场营销，确定在营销时应该优先考虑的方面，如：国家、地区、利基市场。一家芝加哥的生命科学公司有明确的购买意图，那你也许应该在芝加哥举办一场营销活动。借助Bombora 提供的意图数据，你可以按区域或账户查看主题。

3. 最后，Bombora 能够和你一起决定投放广告的地点，但是，正如我们前面提到的，广告的影响力日渐式微。

Bombora 可以和其他客户管理软件一起使用，如 Salesforce，同时，它也可提供电子邮件格式的数据。

第六感（6sense）：*https://6sense.com/*

6sense 是另一种获取客户意图的渠道，能够帮助公司寻找正在积极购买它们产品和服务的客户。它的用法如下：

1. 基于账户的营销广告，它能帮助你根据客户需求，投放专属广告（只要你认为客户仍会继续浏览）。

2. 你可以得到公司的目标客户列表，他们可能正在搜索你公司的产品和服务。

3. 你可能希望尽早参与到客户的搜索当中，以便你能够主导销售，领先竞争对手。

数据管理平台（DMP）

有家公司发起了一项活动，促使人们免费下载白皮书，而白皮书的内容是上锁的，只有输入电子邮箱账号，客户才能解锁。之后，公司就会无休无止地给他们发送各种邮件，试图推销产品。公司之所以这样做，并不是为了得到他们的电子邮箱账号，而是想要获取潜在客户的用户数据（cookie）。事实上，cookie 也是现代企业的必争之地。

在同一天当中的不同时间段，我们可能会使用多种设备。在上班的途中，我们可能会使用手机；在工作中则是个人电脑；回家的途中，我们再次使用手机；而回到家中，我们会使用家用电脑。这也意味着，你在一天之内会进行多种搜索，而搜索产生的 cookie 会存储于不同的设备上。企业可以根据设备和用户来制订营销方案。例如，用户在周六大多会放松警惕，更容易浏览广告信息，因此，你会在周六向他们的手机发送广告。这可以使广告更具针对性，也有助于你发现潜在客户，让你的资金投入物尽其用。而采取这种做法的前提是：你相信广告营销和打造企业品牌大有裨益。

"专家"与"专家"之间的交流

虽然我们不想提前谈到目标客户营销（account-based marketing，ABM），但提到工具，B2B 企业不需要进行大规模营销，它们只需要向那些目标客户营销。因此，我们接下来会谈论"一对一营销"或"一对多营销"。

现代买家需要专家的帮助。他们遇到业务问题时，希望有人能帮助他们，并提供解决方案。而企业员工（专家）在和客户（专家）对话时，可以借助 Passle。

让专家在线"交谈"通常很困难。人们不愿意写长篇大论的博客，但可以使用 Passle。我们读文章时，在某一处可能会突然文思泉涌，此时，我们通常会把想法记录在纸上。Passle 给你提供了另一种记录的渠道。你可以在文章中突出显示你感触颇深之处，写下你的观点和想法，并分享到社交网络上。公司也有它自身的 Passle 页面，能够连接公司网站，促进搜索引擎优化，提高在谷歌搜索中的知名度。

Passle 的另一个特色是 ISATOY，即"I Saw and Thought of You"，意思是：浏览内容，想到客户。你浏览一段相关内容时，可以直接发送给潜在客户、联系人和客户，换而言之，就是一对一交流或专注型交流。在社交销售和目标客户营销中，这都不失为一种可取之策。

需求挖掘流程和软件

我们现在提到的是天狼星决策（Sirius Decisions）（https://www.siriusdecisions.com），它可以为你提供全套的工具、软件和方法。我们尚未使用过这一产品，所以不能发表评论。但现在很多企业都在使用，所以你也可以考虑一下。

深入分析报告

接下来，我们将从更高的层面介绍报告。敬告：创建的报告数量要合理，否则无法做出决定；要有明确的目标，并验证这些目标是否合理。你可以重视公司日常报告，但不要忽视总体目标，公司的目标就是盈利，并得到客户的认可。

封闭循环报告

简单地说，这可以确保员工深入了解业务发展方向，如果真的出了问题，就要做出反馈。过去，营销部门为销售部门提供潜在客户，销售部门却抱怨潜在客户没有价值。销售部门从未透过现象分析本质，因此未能做出改变。营销部门的出发点则保持不变，一直为销售部门创造相同类型的潜在客户。

借助封闭循环报告，你的团队可以获得最新的客户和联系人数据；你可以了解业务运行现状，这会增加你的投资回报率。

更重要的是，封闭循环报告对营销来源（企业的、社会的、推荐的等等）进行了分析，这样就可以保证客户最多化和收入最大化。通过这些会话数据，你可以了解哪些主题能够吸引客户、提高收益，并积极与联系人交流，将之转化为客户。这使你能够在营售一体化中分清主次。

在营售一体化的过程中，销售团队应该时时提供反馈。人们通常认为，买家 57% 的购买过程是在网上进行，其余的则是通过与销售人员进行一对一的交流完成，事实并非如此。正如我们前面提到的，当客户与销售人员进行对话时，他们也可能在网上搜索信息，以加深对产品了解。潜在客户再次访问网站或做出关键决定时，能够自动向销售团队发送警报，并确定与客户接触的最佳时机，这是营售一体化计划中不可或缺的一部分。

报告的一般内容

报告是营售一体化计划的一部分，报告的内容一般包括以下几点：

- 根据 SLA 的规定，衡量并沟通团队取得的主要进展。
- 根据月度目标，统计潜在客户或高质量潜在客户的数量，并进行每日检查。
- 按来源跟踪潜在客户，按来源设定目标并衡量进度。
- 按活动跟踪潜在客户，哪些活动成功地增加了流量、吸引了潜在客户和客户？
- 实时追踪 MQL 的数量及分类。

- 月度营销报告。每月做一次全面的分析，提取重要的指标，并分析没有达成目标的原因，在公司内公布分析结果。人们经常分享无实质内容的报告，华而不实，这是一种常见错误。人们需要洞察成败，而这往往比报告本身更重要。
- 按日销售仪表盘，衡量实现销售目标的进度，并与上月进行比较。
- 销售活动报告，例如，每月发现的潜在客户。

我们的活动要紧紧围绕团队目标，这非常重要。以英国足球为例，每个队的情况都不一样，有些队比其他队强，因此进入联赛。不要让两个英超球队对抗，这对任何一个球队都没有好处。同类团队要联合起来。例如，我们的客户里有一家公司，该公司将"业务开发"分开，将非配额销售人员与配额销售人员分开。每天检查工作进度并鼓励团队解决问题。

解决报告中的问题

过去那种通过电子邮件向客户"扔石头"的做法太容易了。你必须用数据说话，而不能打感情牌。你必须实事求是，而不能自以为是。不要再用"销售人员很懒"和"潜在客户很差"这样的借口；在营售一体化的环境下，销售人员和客户是一个整体。相互指责无济于事，协作才能解决问题。

保持对话公开透明的方法

每周召开一次营售一体化会议，整个销售和营销团队都要参加其中，共同讨论团队成功经验、产品信息、个人学习和 SLA 实施情况。

在月度管理会议上，利益相关者参加该会议，深入讨论主题，并改进相关问题。正如我们之前所说的，营售一体化新的领导层不能各自为政。如果人们认为决策是预先判断的，那么他们不会有所提升。

小结：借助工具解决问题

本章，我们向你介绍了营售一体化所需的工具。营售一体化实施过程中，你要考虑薪酬问题，而这是一个敏感问题，需要借助工具加以解决。我们还分析了将企业从被动跟随线索到主动寻找意图数据的必要性。最后，我们介绍了一些与报告有关的内容。每个公司需要的报告不尽相同，但我们为你提供的入门工具包有助于开拓你的思维。

自我调查问卷

1. 你能统计出客户数量吗？在营售一体化的过程中，你能统计出吸引了多少潜在客户、召开了多少次会议吗？（我们之前问过你的客户关系管理是否仍然适用？）

2. 你是否考虑过对员工进行培训（涉及员工、流程和新工具），让他们掌握使用新工具的方法？

3. 如果没有得到销售支持（启用营售一体化项目），那么你应该说服个人或团队来支持营销和销售团队的转型吗？

4. 在营售一体化过程中，你会引入新软件吗？如果是，你会如何操作？

5. 实施营售一体化项目之前，销售和营销人员可以参加哪些会议？显然，并不是每个人都可以去参加对方的会议，但也许你能派代表出席？

第十章

全新销售法：目标客户营销

目标客户营销是一种战略方法，它为某一客户群体量身定制销售和营销活动，从而提高顾客在这些领域的参与度。

——乔恩·米勒（Jon Miller）

英加吉奥（Engagio）首席执行官兼联合创始人

前文已经介绍了转向营售一体化的必要性、过程、衡量方法、可能遇到的问题及其处理方式。当今世界已经发生翻天覆地的变化：经济关联密切，买方精明强干。为了适应这种新形势，本章我们将向你介绍一种新的入市方法，以便销售和营销协调一致推动企业运转。

买家善于社交，他们的购买活动往往借助网络以团购的方式进行。原有的一对一销售模式已经落后于时代，销售部门和营销部门需要重新定位自己的角色，与信息技术以及业务和用户部门进行洽谈。

潜在客户具有多元性

企业一如既往地通过买进名单、发送电子邮件、点击付费、脸书广告或买断谷歌搜索等方式吸引客户，以此来创建"潜在客户"。理论上讲，如果你能"打动"客户（目前做 6 次才会奏效），那么他就会对产品产生兴趣。当然此举可能会让客户非常恼火，最后适得其反。

如果你考虑时间旅程，结果必是某个人坐下来与对方进行艰难的谈判，白纸黑字签订协议再将其贯彻落实。销售部门希望对此全权负责。

我们乐此不疲地验证自己的影响力，而交易达成是证明销售部门影响力的关键。当投入得到回报时，我们在办公室欢呼雀跃。销售部门是如何处理潜在客户的呢？将潜在客户转化为客户，之后促成交易。在做成如前文所述，现在公司的入站请求通常可定义为 MQL。符合标准的线索会进入销售领域，转化为 SQL。

我们也提到了预算、授权、需求和时间表这种资格审查方法。在软件即服务（SaaS）世界中，好的 SQL 能够体现顾客需求，预算和时间表也会刺激顾客消费。一般情况下，资格审查方法会在双方第一次会面时提出，正如销售团队通常会尽力在第一次会面时促成交易。虽然这在理论上可行，但从福雷斯特研究公司提供的数据来看，只有 0.75% 的潜在客户最终会成为真正的客户。

潜在客户具有多元性，这正是问题所在。我们可能会失去潜在客户。如前文所述，个人可以代表目标公司意愿，也就是说我们可以根据其喜好来判断整个公司的购买倾向。

真实情况

总而言之，前文列举的那种糟糕情况并非耸人听闻：实习生按照要求给 3 家公司打电话，希望了解更多信息，但潜在客户不会在公司的案源评分系统上注册。当内部销售人员打电话给他们时，会发现他们并不符合 BANT 资格审查要求。

营销的主要目标是吸引潜在客户，而非客户。也就是说销售和营销团队（也是一个创收团队）的工作重点从一开始就互相矛盾。

传统的销售漏斗是为单个客户设计的，不符合多人决策的新模式。

执着于吸引潜在客户的确会增加其数量，但这些潜在客户很可能不会转化成真正的客户。吸引更多潜在客户并不是目的所在，你必须加深对客户的了解。如前文所述，大多数对潜在客户的开发活动都采用线性路径。CEB 研究发现，如今客户自助完成销售过程的 57%，并在销售过程进行到 37% 时明确自己的需求。在销售过程中，如果你着眼于已有明确需求的潜在客户，那你不太可能会吸引到他们，并给竞争对手以可乘之机。

例如，你可能会发现，在自助购买过程中，潜在客户会提出新要求。如果你"幸运"地进入候选名单，你就要放弃自己的价值主张，想方设法满足这些要求。在此过程中会消耗大量内部资源，而且很有可能因未满足客户需求而无法达成这笔交易。

还有其他办法吗

2006 年，塞斯·戈丁写了一篇关于"翻转漏斗"的文章。(戈丁，2006) 他认为，公司不可闭门造车，而应集思广益，允许粉丝和团队畅所欲言。和接受推销相比，客户更愿意听从朋友或家人的意见。下面我们来谈谈目标客户营销。

有一点需要注意：虽然这种方法名为目标客户营销，但营销部门并非对此全权负责。营销部门要和销售部门协同合作，推动这种方法的实施。

在传统销售方式中，企业列出客户名单，逐个给他们打电话或发电子邮件进行推销，通过推式机制强迫他们购买。而 ABM 不一样：实施 ABM 后，企业无须在低质量潜在客户身上浪费时间、精力和预算，而是集中精力于重要潜在客户，再将其发展壮大（因为营销和销售都是以客户为中心的）。

ABM 要求你专注于一组客户，并跳脱"门户之见"，与各个用户部门的人员协同合作，最好能再进一步，与 IT、财务、人力资源、IT 架构等进行交流。

在不同的客户组扩展联系人应使用不同的方法。例如，金融和 IT 行业方法各异。公共事业公司又与电信业或公共部门所用方法不同。个性化方法能够更好地解决业务问题。毕竟，我们都把自己看作单独个体，而非营销人员划分的某一"角色"。

角色细分存在营销失误

众所周知，企业通常会用到角色细分的方法，而这往往会让客户感到迷惑。以我们经常在培训课程中讲到的角色为例：

男性

生于 1948 年

在英国长大

离婚后再婚

孩子已成年

极其富有

赫赫有名

这个例子中的关注点不多，但满足这些条件的人既包括查尔斯王子（英国王位继承人），也包括"黑色安息日"（Black Sabbath）摇滚乐队的主唱、独唱艺术家奥兹·奥斯本（Ozzy Osbourne）。尽管角色一致，但来自不同背景的人可能会有不同的需求。

ABM 的优势

有了 ABM，企业能够充分利用数字营销和社会销售技能，在渠道中进行教育和互动。这种互动为销售团队和营销团队提供了深入合作的机会。在这种关系下，销售商和营销者也会加深对行业难点和动机的了解。通过销售部门和营销部门协作，企业能够根据客户的业务问题及其需求，对企业的价值主张和业务内容进行微调。

某些企业认为发送一封介绍销售新人的电子邮件也是一种 ABM 营销方案。鉴于许多客户并不会阅读来路不明的电子邮件，该方案纯属徒劳。

传统一对一关系

销售部门和营销部门往往在某种关系中进行协作。过去，这种关系通常形成于客户审查中。在开展这项工作时，销售人员实际上只与一位客户进行交流。

销售方法论中经常出现"教练""天使"或"内部销售人员"等术语，这些人为你提供帮助，以使公司的产品或服务脱颖而出。在销售人员审查中，与销售人员交谈的这位客户通常充当以上角色，并被引荐给销售管理部门。其实，这位客户几乎没有政治资本来为你提供帮助，这正是危险所在；他们只是喜欢和你交谈。在一次销售活动中，客户写了一份报告反馈给董事会，并花了一个周末与公司的竞争对手交谈。在周一的时候，我们明白了客户此举的动机：他们与竞争对手商谈的目的是证明自己没有被套牢。

只和一位客户对话会使企业失去竞争力，后患无穷。在现有的"企业预置型"客户管理中，SaaS供货商绕过现有的系统支持团队，直接对财务总监（整体决策者）报价。如此一来，决策就会以当前的企业预置型供货商为基础，却对现有的支持团队和供货商一无所知。

此外，这种单一的客户关系不仅会使你落后于竞争对手，而且会对"无所事事"这个最大的竞争对手谈虎色变。

ABM 的应用范围

如果你在销售和营销中还存在以下业务问题，则应在营售一体化环境中应用 ABM：

- 公司要求你在预算不足的情况下赢利。
- 无约电话前景不甚乐观。
- 内部销售无法转化为入站销售。
- 存在竞争压力。

- 你需要掌握一种方法，以向日益复杂的客户群体（买家不同、文化各异）推销产品。
- 你与一个客户群体合作，并从 20% 的客户处获得 80% 的利润。
- 你希望为客户提供更为个性化的服务。

ABM 有多种表现形式，它的应用范围很广，不仅适用于"大客户"，也可以在中小企业中得到应用。ABM 要求企业集中精力，对一些企业而言，这可能很难做到。人们往往会这样安慰自己：往墙上扔泥巴，总有一些会粘在墙上。这种得过且过的态度体现在企业日常运作上：有项目做就可以了。如果在 200个没有价值的潜在客户和一个可给企业带来收益的潜在客户之间进行选择，我宁愿选择那一个潜在客户。

目标客户营销的定义

科根培杰图书出版社出版的《目标客户营销从业者指南》[*A Practitioner's Guide to Account-Based Marketing*，伯吉斯（Burgess）和芒恩（Munn）合著，2017] 对 ABM 的定义是：以单个客户为基础开拓市场，然后对公司及其服务进行定位，以扩大市场份额，稳定客户基础……

根据 Ascend2 数据研究在 2018 年 1 月发布的研究结果，企业实施 ABM 的首要原因是整合销售和营销计划，从而提高收入。

同时，该研究结果表明，ABM 的成功率为 95%，成绩斐然。

ABM 的成效

大多数企业都希望"增加钱包份额"，这样企业就能够进行延伸销售和交叉销售。向老顾客推销总比向新顾客推销容易得多。

在 B2B 领域，公司在销售层面的价值观念不尽相同。当然，在 SaaS 领域，销售是建立在"站稳脚步，不断拓展"的基础之上。销售团队进行试点或系统运营对业务大有裨益，这通常在 IT 部门掌控之中且符合购买规范。通常，这种方案可以解决小问题或利基问题。如果试点运行取得成功，就可以将其推而广之。

如若项目取得成功，供应商就可以在此基础上与某些客户或企业合作，以拓展业务。将自己的企业开发为终端用户易于操作的形态，而且成效颇丰。通过与供应商合作，我们可以在处理采购或法律事务方面节省大量精力。

改变客户认知或企业定位

过去，你提供的解决方案可能不够新颖，或未取得预期成效。而且，许多 SaaS 供应商对销售人员采取了 ABM 政策。在这种情况下，销售人员的工作就是发展壮大现有项目。若公司 ARR（年度经常性收入）增长，销售人员会得到提成，由公司借助 SaaS/ 云计算按月 / 季度向其支付。

为了改变客户认知，客服团队、销售部门及营销部门要与其进行互动。在项目未完成阶段，团队要提高服务水平，将客户对项目的看法从消极或中性转为积极。

发展新客户

ABM 通常被视为一种开发老客户的方式，事实上 ABM 对开发新客户同样有效。这可以在一对一的基础上进行，或者在类似业务需求和垂直市场情况下分批次进行。

曾有一家公司向一家葡萄酒公司出售一种方案。要想取得成功，该公司需要开发有关液体测量和运输的某些功能。项目成功后，该公司成了所有葡萄酒公司、威士忌蒸馏厂甚至所有液体产品生产公司的合作伙伴。当然，在葡萄酒和威士忌市场中，该公司遥遥领先。

事实上，我们知道有一些公司试图推翻其垄断地位，但因葡萄酒和威士忌生产商拥有创立的知识产权，加之这些公司不愿破坏现有体系，在一定程度上阻断了竞争。除非有明确的需求，现有系统才有改进升级的必要。市场变幻莫测，如果你想打入某个市场，就要在研发上做大量投入。

收益

通过分析早期销售和营销情况，我们知晓，发展一个新客户要比维持原有客户成本高。因此，分析和划分原有客户并对其加以关注乃重中之重。尽管客户及其需求会有所改变，原有客户可能长期以来与你的公司不存在业务往来，但你必须精准定位，赢得收益。

长期关系

客户关系不仅体现在销售和收入上，它的波及范围很广。创建参考站点有助于发展新客户，扩大客户群体。这就把我们带到了引荐来源这个话题。

引荐来源

引荐来源是在客户、垂直市场或地区间建立联系网络的一个好方法。如今，推荐销售对销售人员至关重要。在联系网络中，是否有你想与之交谈的客户？是否有人可以引荐你？在很多情况下，有了引荐来源（如之前的研究所述），成交的概率更大，竞争压力更小。

如何决定关注哪些客户

要启动一个 ABM 项目，你要确定重点关注的客户范围。在销售和营销中，确定客户范围和对客户进行细分同等重要，因为在没有回报的情况下耗费精力是毫无意义的。认清关注点的方法之一是定义理想的客户标准。

什么是理想的客户标准

行业、规模、营业额、利润，哪一项应该重点考虑？你的目标客户是大企业还是中小企业？一些公司不偏不倚，在与大公司和小公司交易时投入同样多的精力。虽然与大公司合作回报更高，但与它们打交道可能耗时久、周期长。与小公司打交道，特别是业主管理的公司，可能会很费时，因为业主重视公司的财务管理。有时我们需要采取折中办法。

联系人

在社交媒体的世界里，网络就是力量。2016 年 9 月，我们成立了一家新公司，公司成立伊始就与网络打交道了。在网络中，志趣相投的人互相吸引，你可以打电话约见他们。这些人都与你熟识，愿意接你的电话。需要说明的一点是，联系人可能并非客户；实际上，这些联系人，甚至是他们社交网络中的亲友，都可能是你的举荐人。

对销售人员或营销人员而言，利用社交网络推销至关重要。无论这个平台是大是小，都可以利用员工的社交网络进行销售和营销。这种方法易于操作，是接近新老客户的重要方法。

现有钱包份额

钱包份额这个词来自于美国，IT 供应商对之青睐有加。这是一个营销术语，指的是客户在某产品和服务上花费的钱占其总开销的比率。与增加市场份额相比，增加钱包份额比增加收入的成本要低。客户在某公司 IT 支出所占的钱包份额从 1% 增长到 2%，虽然这看起来并不多，但可能会为一家大公司带来数百万的收益，使其在竞争中脱颖而出。

发展潜力

之前，我们举了一个例子：一家公司赢得了一份合同，然后和同类公司合作，继续做同类交易。这种做法可以在收回开发成本的同时实现盈利。根据公司的发展方向，你的目标客户群体也会固定下来。

例如，我们知道有一家公司与其他公司联合开发员工权益软件。虽然并非每家公司都能放心使用未经测验的新系统，但它们都想深入了解开发商，这样公司提供的产品和服务就能更好地满足客户需求，吸引客户关注。

市场定位

你是市场领先企业还是初创企业？你要清楚，通常在向公司推销的过程中会面临风险。不是每家企业都愿意与初创企业合作；而且，企业通常不喜欢与市场领先企业合作。

可否共事

如今，文化适应至关重要。美国的沃尔玛（Walmart）超市提供"见面问候"服务，服务员站在超市入口，与顾客进行友好互动。美国人喜欢被服务员笑脸相迎，也许他们只是希望，当时间紧迫时，服务员可以为自己提供问询服务。沃尔玛在第一次全球扩张时采用了一刀切做法，他们想当然地以为获得美国消费者认可的服务能在世界各地都有市场。在德国，沃尔玛与当地文化相悖，因此退出了市场。德国人不喜欢被迎宾者问候，所以不在沃尔玛购物。文化契合是很重要的，尤其是当销售要面向不同的国家和文化时。

客户有创新文化吗

公司有不同的企业文化。例如，国营企业（如美国联邦部门）对风险和创新的态度不同于私营企业。以美国软件公司甲骨文为例，我们过去都曾在这家公司工作过，它在决策上相对保守，却自认为深谙随机应变的经营之道。公司首席执行官拉里·埃利森（Larry Ellison）决定重组公司，10万名员工对此表示支持。他决定，重组后的公司将是一家 SaaS 公司，因此所有战略、营销方法等都必须随之改变，这并非耸人听闻。

一些公司不为所动，甚至努力阻止这场变革。在甲骨文公司，你了解到世界上的一切都在变化。无论公司是否会随之改变，在向公司推销时必须采取ABM策略。

ABM 实现模型

本章致力于概述 ABM，并举例说明把公司计划纳入营售一体化计划的必要性。在实施过程中，我们一直提倡从小处着手，若切实可行，再将其贯彻落实。让我们从试点开始。

ABM 试点

在试点中，你要做到：

- **确定试点客户群体**：循序渐进，勿要贪多求全。
- **制订指标**：有始有终，检验进展幅度。
- **研究分析试点客户**：在这一点上，我们要认真推敲，不要凭直觉行事；你要确保客户符合战略要求以及上述标准。
- **建立一个完整的客户计划并贯彻落实**：销售和营销部门各行其道，分头创建客户计划，这是常见的错误。销售部门和营销部门需要共同制订计划。
- **衡量和回顾**：定期与利益相关者进行协商，对计划进行适时调整，这是非常重要的，此举至少可以保证项目的可见性。
- 之前我们在讨论沟通方法时说到，你必须保证结果透明。在任何变革计划中，你都需要制订相应的沟通计划；与客户分享成败至关重要，因为成功孕育成功，承认失败则体现了诚实的态度。客户享受成功的喜悦，也青睐诚实的态度，只要你具备了这两点，无论是在试点阶段或推广过程中，客户都会对项目予以大力支持。

构建阶段

下一个阶段是构建阶段，在试点的基础上将 ABM 发扬光大。ABM 确实需要改变态度和工作做法，正如在处理一个新项目时需要改变工作方式。构建过程也可以称为试点加阶段。在此阶段，一切还未步入正轨，事实上，你可能仍在试验哪些有效，哪些无效。承认失败可以及时止损，减少对时间和精力的浪费。在此过程中，其实你也在摸索最适合自己的公司计划。

在这个阶段，你要吸取试点运营的经验教训，其中可能包括改进客户选择。一个典型的错误是，公司选择项目客户并非以成功为标准，而是想让客户从中受益。在"黄金"客户项目中，所有的销售人员都希望，客户认为自己就是黄金客户。

你还需要确保你的指标和成功标准符合大众认知。收入指标可以作为备选；如果你正在改变观念，或致力于客服层面，这些措施实施后，客户可能会减少来电，客户服务问卷结果也变得积极。

从哪里得到预算呢？确定资金来源至关重要。通常，公司的预算来源并非一处，你可能需要从内容、数字、销售或联合预算中获得资金。多源化预算和资金往往会妨碍销售和营销工作及其组织形式。我们要对营售一体化的治理方式进行商榷。重要的是，在重组过程中，财务要保持同一战线，并处于循环之中，这样才能维持预算和成本代码。最后，你必须争取管理层的支持。无论是处理项目收购还是长期投资，处理好与高层的关系至关重要。

标准化

下一阶段是实施标准化，并将其融入日常实践和文化中去，让员工在拿到项目时就想到 ABM，而不是在议程结束时才恍然大悟。

在这一阶段，你要做到以下几点：

- 创建 PMO 和治理模式。这关系到项目的成败。在项目实行过程中，要坚持同一套标准，毕竟这不是回归数字游戏。PMO 可以处理日常问题，也可以创建月度报告，减轻领导团队的工作负担。
- 确定所有客户的标准指标和成功标准，以筛选出合适的客户。有了客户标准，你就可以自行规避不合适的客户。虽然成功的喜悦可能会与日递减，但项目的效度却与之相反。你应该确立自己的客户标准指标。如上所述，销售人员经常认为他们的所有客户都是"战略性的"，需要特殊对待。
- 薪酬驱动行为。你需要将 ABM 整合到总体奖励和薪酬计划中。作为 ABM 和营售一体化计划的一部分，销售报酬要接受审查，这样客户（第一）和企业（第二）才能提高员工的工作积极性。

在这一点上，你已经跃跃欲试。我们的建议是在一个国家内保持试点、建设和标准化同步推进，这样你就无须处理国家或文化差异。当客户移民到其他国家，应认真研究地区差异并做出相应规划。虽然扩大规模很有诱惑力，但我们建议你先通过试点进行试验，以确保公司能够适应当地文化。

扩大规模

在扩大规模阶段，公司应通过标准流程、共享服务和自动化实现规模经济。我们经常看到"随意的 ABM"，即不同的部门或国家在没有进行思想交流的情况下就运行自己的方案。对于团队或部门来说，单独行动轻而易举，但它需要在整个公司内就对战略、治理和度量的理解进行协调。

ABM 利益相关者

公司通常会考虑销售层次结构中的客户，这些客户在组织结构图中有详细说明。借助互联网和社交媒体的力量，公司的工作方式变动很大。在一个客户或决策单元（DMU）中，我们会看到一组不同的利益相关者。

常见的利益相关者可分为以下几类：

- **买家**：这些人可能在用户部门购买或采购方面有发言权。所有产品的成本都在降低，用户可以借助一次性入门级系统进行决策。
- **决策者**：这些人通常是高管或董事会成员，他们可能有签署支票的权力。如今，他们正在签署一张无形的支票，但这会对购买过程产生直接的货币影响。
- **影响者**：每个人都有影响力，从可能影响决策的人际网络中的朋友，到微观影响者（博主等）、宏观影响者 [如丹尼尔·纽曼（Daniel Newman），布赖恩·索利斯]，以及 G2、高德纳、福雷斯特、毕马威、埃森哲、德勤等公司。

值得注意的是，有影响力的人可能没有权威；有时，这些人可被称为变革者或动员者。

- **发起人**：这些人将发起一个项目，但他们可能不是最终完成者。作为销售和营销人员，我们经常要把项目的发起者和终结者联系起来，这样项目才会有始有终。
- **用户**：产品的外观（用户体验）通常取决于系统的最终用户，他们在产品演示期间对其做出决定。如上所述，虽然用户没有权威，但他们可能有影响力。我经常为一些公司工作，有决策者（有时是我）会问：

"这个产品好吗？我们应该买它吗？"

小结：ABM 切实可行

我们想为你提供一个切实可行的解决方案，那样入市就会成为你发起的营售一体化计划的一部分。无论公司规模大小，ABM 都是可行的，并且可以刺激客户的购买欲望。它满足了一家公司的大批购买需求。它还为销售和营销提供了一个平台，使其可以通过社交网站（客户所在地）来发展网络、创建内容和发展潜在客户。

这就引出了实行营售一体化的原因和方法，那么未来该何去何从呢？

自我调查问卷

1. ABM 是否适用于你的公司？

2. 拓展客户参与的深度和广度，或以 ABM 维持现有客户是一种可行之策吗？

3. 如果你的公司已经实行 ABM，那么你在实施周期中扮演何种角色？

4. 你是否与利益相关者打交道？

5. 你是否有适当的程序来确保 ABM 不会成为人人唾手可及的东西？

第十一章

销售心法是一种趋势

在这本书里，我们对营售一体化进行了论证，我们希望这个论证足够有力，能够让你采取行动，在企业中实施营售一体化。坦白说，选择这本书就意味着你要么想探索这一领域，要么只是以一种"黑客帝国"式的思维意识到"有些事情不太对劲，却无法明确指出来"。

显而易见，企业必须付诸行动。"老式"营销已经行不通。互联网和社交媒体方兴未艾，消费者行为不断变化，人们的购买方式也发生了翻天覆地的转变。全世界的营销部门都在努力应对这些变化以及变化对业务产生的影响，但这种应对更多的只是一种进化，而非变革。互联网上的信息应有尽有，客户可以通过互联网获取信息，然而营销部门选择了进化（而不是转型）来应对这种变化。

对营销人员来说，电子邮件营销只是简单地意味着电子信件、网站、电子宣传册等。尽管技术已经颠覆了人们的认知，但人们使用技术的思维却一点没变。

同样，销售也未真正地改变。可以说销售处于互动的"第一线"，所以他们能尽早踏上变革之旅，与客户保持同步。然而，销售人员依然是"钝器"，和其他人一样，抗拒改变。

识别销售的未来和趋势

销售部门和营销部门之间存在鸿沟，在战术上，它们的任务不能相互衔接；而在战略上，它们不能随时了解客户的需求。

> 设想一个非常基本的营销活动，当我们在做数字化推广的时候，是不是需要设法获取客户的反应？人们访问我们的网站，浏览我们想要传达的内容。按照传统的职责分工，需要电话推销员继续跟进，在客户获取实时的数字信息后，电话员拨打一个称职的电话。

> 　　假设这是我们最大的客户之一，而销售人员已经与这位客户建立了很好的关系，仅仅因为电话销售跟进是通常的做法，我们就认为它会带来良好的客户体验吗？客户真的想听电话推销吗？
>
> 　　这是最基本的例子，但这正是我所说的，在特定情况下，谁去做？怎么做？我们最大的客户年复一年购买我们的产品，我们更像是他们的合作伙伴而非供应商，我们是他们成功的关键因素，然而我们实际上在冒犯他们，对不对？
>
> 　　电话推销员在得到我的信息之后，一直对我进行电话"轰炸"，我会觉得受到了冒犯。我购入了一辆车，两年后，车行的一名电话推销员给我打电话，这时我就感觉自己受到了冒犯。我之前和某位员工接触颇多，这个人为什么不给我打电话？我瞬间感觉他们对我并不重视。
>
> 　　　　　　　　　　　　　　　　　　　　　　　里安农·普罗瑟罗

　　我们需要对这两个部门的未来有一个清晰的愿景。要放眼未来，同时也要明确目标，这一点至关重要。为此，你需要对未来有一个清晰的愿景，这可以让你在转型的跌宕起伏中保持专注，一往无前；更重要的是，你可以向参与这一转型的员工阐明，这两个部门（或营售一体化部门）的发展前景。

　　为使愿景切合实际，而不是在你实现之前就不合时宜，你也应该考虑销售、营销和技术领域正在发生的其他变化。

　　我们建议这么做，是因为在 2001 年互联网刚刚起步时，大多数人都认为网络泡沫的破灭会冲击到互联网的蓬勃发展。人们认为，网络和网站虽然是有趣的新奇事物，但就像卡西欧 VL-Tone 电子琴或电子表一样，它们已经不再风行了。

　　这种想法大错特错。毋庸置疑，技术一直都在进步，你越早接受新兴技术，就能越早体会到技术的好处，在竞争中居于主导地位。

对现有的新兴技术视而不见，忽略它们对销售、营销、营售一体化以及企业的意义，你就开始展望未来（我们现在还不能预知未来），这种做法愚不可及。

因此，我们接下来要讨论的就是技术，以及技术对企业规划的影响。

AI

将 AI 应用于营销已是大势所趋。而对于 AI 的定义，以及它将如何取代（或不取代）员工，你似乎不甚了解。

最初，公司在办公时很少会使用电脑。当时只有少数人拥有英国辛克莱主机（Sinclair）Z80 或 BBC 的电脑，不像现在这样比比皆是。企业里也没有使用我们所称的个人电脑或文字处理器。所有信件（电子邮件只是学者的专属应用）都是手写的，然后由打字组打印出来。

个人电脑一经问世，工作方式改变了，打字组消失了，打字员继续寻找其他工作。没有谁说我们应该回到以前那些日子。AI 很可能会取代某些职业，但该岗位的人员也会找到其他工作。

我们已经开始使用一些早期的 AI 技术。例如使用助推（Nudge，https://nudge.ai/）这一应用程序，销售人员就无须再进行客户研究。而自流（Artesian，http://www.artesian.co/）的功能，与之类似。

你可能还使用过 X.ai 来预约会面。X.ai 是一个使用自然语言编程的个人助理，可以与你还有预约对象进行互动。它通过执行一些简单的指令，比如"下周二可以吗？"或者"28 日星期三 14：00 怎么样？"来预约会面。如果你的某次会面是由机器人来预约的，你可能并不知道对面是机器人在和你说话。现在我们从人工智能后退一步，来思考一下手机的演变。

手机

在手机的最初发展阶段，你只能用它打电话和收发短信。短信确实极大地改变了我们的交流方式，但不能称之为是一种革新。黑莓手机（Blackberry）也只能接收电子邮件（现在几乎每个人都在用），使邮件从桌面访问转到手机访问。

随着 11 年前苹果手机问世，人们对手机的看法有所改观，思维方式也与之前大不相同。新的应用访问方式推动了脸书、色拉布和推特的发展。新应用程序和新思维也得到发展。音乐雷达（Shazam，我们最喜欢的应用）和优步等都是零基础开发的应用，在移动领域让人耳目一新。

我们认为，人工智能仍处于早期阶段，可以使现有的流程和技术自动化。目前还没有人真正发现全新的应用程序（以前从未想到过的）或工作方式。但这种状况将得到改变，迟早会改变。

借助人工智能，企业现在可以在对的时间将对的内容呈现在对的人面前。对许多人来说，这可能有点难以理解。比如，你从网站上下载一份白皮书，在 5 分钟内就会接到业务开发代表的电话，请求你购买产品或服务。我经常碰到这种情况，然而我从未打算购买，我只是想在社交媒体上分享白皮书的内容。

聊天机器人

许多品牌方都在尝试使用聊天机器人。最近造访的比萨物流（Pizza Express），他们就有一个简单的聊天机器人，通过它你可以赢取一些物品，这样做的真正目的是收集电子邮件，以供日后销售使用。我相信，一定有团队正在尝试大规模地使用聊天机器人。聊天机器人通常用于客户体验，要么是售前回答问题，要么是处理"我的包裹在哪里"等售后问题。

面部识别

苹果 X 是首批提供面部识别功能的手机之一。人们可以在社交网络上尝试使用面部识别来付款。也就是说，无须信用卡或现金，只需用脸就可以来授权付款。

不久之后，我们的面孔就会成为辨别身份的核心特征，比电子邮件更具代表性。《通用数据保护条例》等欧洲法规使得品牌方难以再获取人们的电子邮件，也很难再向客户发送营销邮件，因此许多品牌方径直放弃这一营销方式。

不久之后，通过面部识别技术，你就可以获得报价或折扣。例如，你穿过机场时，浏览广告或数字亭，你的手机或脸书账户就会收到相应的报价。我们无法预知，人们会觉得毛骨悚然，还是酷炫无比？但这与生活息息相关，在不远的将来，我相信我们需要习惯使用面部识别技术。

2010 年汤姆·克鲁斯（Tom Cruise）主演的电影《少数派报告》（*Minority Report*）（YouTube，2010）中就使用了面部识别技术。

AI 的未来

消费者乐意接受数字技术，使用移动数据。他们渴望与其他人和品牌进行互动，而未来，AI 很可能会与消费者建立一种良好的互动关系。

大多数营销部门都在尝试人工智能，它是企业的筹码，未来也定是如此。因此，无论企业是否实行营售一体化，都请把 AI 纳入长期战略中。

社交媒体的未来

在电影《银翼杀手 2049》（*Blade Runner 2049*）中，有一个未来世界（不涉及剧透），那里居住着人类，还有一些看起来像人类然而很可能不是人类的物种，在 AI、VR（Virtual Reality，虚拟现实）和 AR（Augmented Reality，增强现实）这三个领域中都存在着人类的变体。

这是好莱坞对未来的看法，然而这与社交网络的发展方向有何不同？

今天的社交媒体

我们在社交媒体上投入了大量时间，不管是脸书、推特，还是领英、拼趣

（Pinterest），它们也相当于虚拟世界。脸书是朋友和家人的虚拟世界，可能还会有一两个同事；领英是虚拟的商业世界，用户可以浏览陌生人的主页，也许还会遇到一些熟人；而拼趣是购物或项目的虚拟世界。

VR 和 AR 的发展方向

游戏产业里，无论是《愤怒的小鸟》（Angry Birds）还是《巫术世界》（World of Witchcraft），它们都创建了一个让玩家沉浸其中的虚拟世界。最初的游戏是单用户的，玩家处在与游戏对阵的世界中；现在，游戏是多用户的，在一个虚拟世界中，玩家之间相互合作或对阵。实际上，游戏开发商给玩家提供了一个组团和对阵的环境。

一个游戏玩家在游戏中排名世界第一，有人问他："成为世界第一是什么感觉？"他说他讨厌游戏，因为去洗澡时必须带着 5 个平板电脑，不然就会有玩家烧毁他的城堡。这说明对于某些人来说，虚拟世界已经严重影响了现实世界。

时间旅行

如果我赋予你一种时间旅行的能力，去某个空间或者时间如何？你可能会见到类人并与之互动。或许你想看看自己的出生？或许希望身处美国《独立宣言》的签署现场？事实上，你可能想体验每个历史时刻。随着时间推移，就像上面的游戏玩家一样，你怎么知道自己是身处现实世界还是新的虚拟世界？

或许你更喜欢生活在 20 世纪 50 年代的英国？这难道不是游戏玩家目前所追求的吗？在下班回家的晚上或者周末玩《巫术世界》，扮演游戏中的角色？游戏《第二人生》（Second Life）不就是这样向我们承诺的吗？某种程度上，好莱坞电影不也是给予我们一个半小时的逃避时光吗？或者像电影《敦刻尔克》（Dunkirk）一样，把你带回某个地方待上两个小时？

社交的未来

我们不是马克·扎克伯格或杰克·多尔西（Jack Dorsey）的朋友，实际上我不确定自己在硅谷有没有认识的朋友（我们不是硅谷的圈内人），但以下是我们对社交的展望。

回顾过去，社交媒体真正出现大约只有 10 年时间。在此之前，人们会在美国在线（AOL）社区和聊天室里聊天，这是一种社交方式。众所周知，主流社交是随着苹果手机的问世而出现的，至今已有 11 年历史。基础设施必须正好满足社交发展和规模化的需要。

所以我们假设继续使用现有的基础设施：手机、VR 头盔和 AR 眼镜，但谁知道某个聪明的孩子在他（她）的卧室里发明了什么呢？

这就是我们对未来的展望！

脸书、领英和拼趣不能成为虚拟世界的原因

想想看，为什么你不能在领英上和别人联系，在虚拟世界里和他们会面？为什么你要环游世界去开会？

这也许就是咖啡馆公司的发展方向。或许我们不用坐在咖啡馆里，而是通过一个虚拟咖啡馆，与世界上的任何人见面做生意？当然，我们也可以通过领英来实现这一点。

借助 Tinder 交友软件，你可以在虚拟世界中与任何人约会，但我不会对此再做进一步论述。

不可否认，社交媒体正在蓬勃发展。如今，全球有超过 50% 的人使用社交媒体，仅脸书用户就占了 1/3。尽管发生了一系列数据泄露和干预选举结果的丑闻，但就规模来说，脸书只会继续发展壮大。

在未来，任何沟通策略，无论是一对一（如销售人员与客户的沟通）还是一对多（如营销部门与行业、部门或公司的沟通），都务必充分利用社交媒体。不管技术是否会为社交媒体互动注入振奋人心的新功能，注册社交媒体的用户

都在迅速增加。仅仅在脸书上，每秒钟就会增加 5 个新用户，即每小时 1.8 万个，每天 43.2 万个。如果加上领英、色拉布、照片墙（Instagram）和瓦次普（WhatsApp），更是不计其数。而在中国，微信的功能比脸书更强大，使用者也是飞速增加。

因此，你应该思考一下，如何运用社交媒体来推广企业的营售一体化。也许，你可以整合多种技术，促进团队之间的沟通，增进员工与客户之间的交流。

干扰式营销和广告的变化

在本书中，我们探讨了营销人员和销售人员接触潜在买家方式的变化。在互联网出现之前，事情很简单，吸引新客户的唯一方法就是向他们介绍你的产品或服务，可以通过联系客户，也可以通过广告来做到这一点。但不论是哪种情形，你的介绍都打断了他们正在从事的事情。

广告不再盛行

你正在全神贯注地观看足球比赛，屏幕上突然弹出一个广告；或者是你在访问网站时，广告突然布满了屏幕的界面，这些弹出窗口都让人们无比厌烦，它们通常与你想要或可能需要的东西毫无关联。现在买家可以轻而易举地使用互联网，通过搜索引擎得到关于任何问题的答案，所以当销售人员联系他们的时候，他们会非常恼火，而这样做可能会有损品牌的声誉。

Z 一代

一个学生为她的论文来访问我。我问她关于这门课的内容，她说："这门课内容优质，但也教了一些华而不实的内容。"我问道："比如呢？""广告。"她说。这门课教她如何通过数字平台上的广告与人们进行联络，而她们那一代人（她 22 岁）生活在一个没有广告的世界里。

广告拦截器的使用

玛丽·米克（Mary Meeker）互联网研究的年度报告显示，随着手机普及度的提高，美国在线广告年增长率为22%。2017年，桌面广告数量略有下降。[莫拉（Molla，2017）] 谷歌的广告支出同比增长了20%，而脸书的广告支出同比增长了62%。

报告还显示，广告拦截量同比增长了30%。自从机顶盒可以让我们快进那些恼人的广告，现在还会有人看电视广告吗？世界上最恼人的广告是什么？就是在YouTube上播放视频之前都会插入的5秒钟广告。

内容营销的优势和商业案例

根据清晰社论（Clear Editorial）报告，88%的B2B公司都会通过引人入胜的内容，推广它们的产品和服务。[尼克（Nick），2017]

这是有一定道理的。作为消费者，我们上网搜索心仪的产品和服务。从搬家服务到购买汽车，再到2亿美元的计算机外包交易，我们都会上网搜索相关信息。如果我们打算花费政治资本向公司董事会提出一个想法，我们会研究所有可能性和潜在问题，而这些工作都将在网上完成。

人们只有在看到广告时才会想起你，不是因为他们记性不好，而是因为广告太多了。广告商之间经常在相互竞争。在美国看电视，到处都是赞助商和广告，对我来说，电视根本无法看下去。只要你做了广告，人们就会记住你，如果你停止做广告，人们就会把你淡忘。

斯图尔特·罗杰斯（Stewart Rogers）在"企业脉搏"（VentureBeat）博客网站上发表的文章也提到：内容营销增长了300%，但用户只会阅读其中5%的内容，只有这5%的内容才是举足轻重的。

根据我们的经验，企业的营销内容不尽相同。我们接触的很多公司，它们所谓的内容创建就是让客户"打钩"，同时也会添加一些辅助内容，这或许关乎员工的业绩目标。没人在意内容是否会被阅读、与客户产生共鸣，或是帮销售团队赢得一次会面。他们在意的只是"打钩"。

遗憾的是，根据 NTT Security（日本电报电话公司情报咨询）的统计，每发布 8.6 篇博客就会产生一个潜在客户，据 Hubspot 称，每个月发布 16 篇博客的公司可以多获取 4.5 倍的潜在客户。（Hubspot，2018）

IBM、美国运通、可口可乐等公司发现，企业停止在广告投放的开支，不会影响其收益，而且，可能还会增加企业的收益。

因此，内容营销的优势在于：

- 提高品牌知名度。
- 建立情感认同。
- 增进客户与企业的互动（可能是咨询）。
- 培养潜在买家。
- 让你的企业更加与众不同。
- 讲述成功案例。
- 提高搜索引擎排名。

内容营销是一项艰巨的任务，你（或你的公司）需要在社交媒体上撰写扣人心弦的内容，吸引客户的注意力，进而提升你（或公司）的影响力。但是，仅一篇内容是不够的，你需要创建一个系列。比如，我们公司每天都会创作一篇原创内容。我们无须广告，就能得到所需的搜索引擎优化。

市场营销与人力资源的协作

在我们成立公司之初，首要任务之一就是与伦敦一家大型会计师事务所的人力资源部（过去称人事部）合作。我们参加了为期两天的招聘会，具体讨论了招聘、与外界的沟通、工作前景、与千禧一代和老年人合作的前景等事宜。

人力资源与品牌推广息息相关

我们之前谈论过，如何才能扩大品牌的影响力，人力资源对此非常清楚，它们与品牌息息相关，原因如下。

人力资源负责员工（或它们眼中的人才）招聘。从开始招聘、决定聘用，直至员工最后的离职，而这一切都关乎品牌和员工（客户）体验。

我们之前讨论过，员工是公司品牌的最佳拥护者。国际商用机器公司（IBM）就利用员工宣传来达到"营销"和"人才获取"的目的。当员工喜欢公司品牌时，他们会对自己的工作充满激情，然后在社交媒体上展现出来。很显然，这是传播企业信息的一种方式。因此，人力资源部需要有清晰、坚定的品牌观，积极参与到品牌建设中并发挥引领作用。

人力资源的职责

可问题就在于，人力资源往往被视为一个成本中心，其本职工作是负责引进人才、解雇员工，但挖掘公司的价值观并传达给员工，才能真正地凝聚员工，为企业创造价值。

人力资源部在与员工沟通时，应当转变沟通方式，从分发小册子或发送电子邮件（人力资源部的"旧式"沟通方式），转变到促使员工主动加入新型的企业活动，同时，还要积极传播企业文化，以实现企业利益的最大化。这样，既能创造收益，又能培养人才。

企业在推行营售一体化的过程中，需要采取一种自上而下的方法，必须由一呼百应的利益相关者在企业内部启动项目，并且身体力行。按照传统方式，利益相关者在会议上宣布实行营售一体化，同时配以员工视频和信息图表等内容，对其进行更深的阐述。

和推行社交项目一样，一旦获得自上而下的支持，你还需要获得自下（基层员工）而上的认同。换言之，你需要拥有一群忠实的拥护者，他们认同品牌的价值观，愿意在网络上进行分享，同时，他们也乐意把最实用的经验与其他员工分享。

不要忽略中心员工和零售店员工。此外，如果你有经销商（增值经销商）等，你也应该把他们纳入计划。出于诸多原因，谈论你品牌的人越多越好。

对区块链的运用

区块链是金融科技和供应链中使用的一项技术，但也有人认为，未来区块链将用于销售和营销部门。

区块链的定义

区块链最初是作为比特币的保障基础而开发的。毫无疑问，区块链给电子商务和其他类型的在线交易带来了众多变革，你一定也耳濡目染。你可能听人们谈论过它的转型过程，就如同互联网本身一样重要！

区块链的应用

区块链可能不像互联网那么重要，但它在未来的商业中至关重要，原因如下。

每一笔交易都需要记录才能生效。设想你在网上订购商品，却没有得到任何确认。如果商品没有送达，你就无法证明你已经付过款。

在传统交易中，人们发送收据，交易的财务方面由一个可靠的源头来处理，通常是银行。问题在于你必须信任银行，而所有银行都需要花时间处理交易并收取手续费。这一点很难改变，因为撤销银行也会让各方失去信托和担保，从而无法得到他们期望的货款。

但是区块链的工作原理略有不同。在区块链网络中，每个人都有一份分类账（或交易）副本，如果一方试图更改记录，则这个更改将记录在整个网络中，这使得欺诈几乎不可能发生。

这意味着交易双方不再需要银行，可以直接通过网络进行快捷交易，而且无须缴纳任何费用。

这实际上意味着什么？它为网络中的人们提供了更快捷、更安全且无成本的交易机会，对那些供应链非常复杂的企业来说，可以极大地提高效率。

区块链对营销的影响

在营销方面，区块链仍处于早期阶段（撰写本文时）。如果你想寻找区块链营销产品的列表，请访问 http:// bit. ly/2FHtiwo。

目前，广告似乎是第一个被开发的领域。你可能已经读过我们的观点，即广告已经过时，社交网络的消费者（尤其是千禧一代和 Z 一代）对广告并不感兴趣。

区块链对这个行业的扰动，主要体现在"中间人"这一块儿，广告买家得不到透明的度量标准，市场仍旧由"老派"广告和营销机构控制，这些机构赚取佣金，认为"眼球"仍是合理的度量标准。

一篇关于区块链和营销的文章提到，在广告上每投入 1 美元，购买者只能得到 0.44 美元的价值。（Infovore 信息平台，2017）

此外，福雷斯特的一位分析师称，通过区块链移除中间人，可以为广告买家多带来 4 美元的价值。[维加（Vega），2011]

区块链在广告欺诈、机器人和聊天机器人的使用方面也一直存有争议。之前，一篇文章 [斯莱夫（Slefo），2016] 估计，广告欺诈金额高达 72 亿美元。

区块链的发展方向

我们期待新的发展和应用。引用 chiefmartec.com 上的一篇文章 [布林克尔（Brinker），2017]：在区块链世界里，所有可以标记的东西都将被标记，所有可以去中心化的东西都将去中心化。这就是为什么营销技术生态图（martech landscape）公布的名单里的许多公司将有很好的机会，以某种形式或方式拥有分散的对等物。

销售佣金和风险并存

那些经手过复杂、大型的 B2B 解决方案的销售人员都清楚，他们的报酬非常可观。成功的销售人员很少抱怨他们的酬劳。

蒂姆讲述了他在美国一家大型软件公司工作的故事。他被分配了一套账目需要被"照料"。蒂姆是个新商人，他喜欢把一块空地变成一个郁郁葱葱的地方，不仅可以养活他和家人，还可以养活一群农民，但这并不是我所要讲的。

当他拿到账目时，有人告诉他："好像有哪里不对劲，但我们不确定是什么。"因此，他去拜访客户，很显然，他们所售出的和客户想要购买的是两件截然不同的商品。这件商品的价值定位一直是面向大公司，而这是一家中端市场公司。

回到办公室后，他拿到批文的副本，发现它们都是伪造的。他写了一份报告，结论是"道歉，并把钱还给客户"。当然，供应商没有这样做，不愉快的关系又持续了两年，直到客户主动取消订单。

最初出售它的销售人员呢？他们在社交媒体上发布了在巴巴多斯附近游艇的照片。事实上，一个又一个的客户告诉你，他们签署文件之后，销售人员就消失了。

这并不是在讲猎人和农夫的故事。但在 2018 年，出售一些东西然后消失，并不符合大多数买家对于优质客户体验的期待。如果你出售东西，你就需要在项目的成功上有一些"风险共担"。

报酬驱动行为

我们不主张减薪。销售人员承担着很大的风险，他们是公司未来现金流的引擎，但在任何风险与回报关系中，他们需要考虑的是"长期关系"而非"一夜情"。如果销售团队的报酬来自于客户的成功，那么这对他们来说是有风险的，因为他们依赖于其他人，而这些人可能不像销售人员那样忧心和重视（销售人员有这样做的动力）。也许为了支持客户的长期业务，这种牺牲是值得的？

那么销售人员该如何获取报酬呢？正如我们前面所讨论的，这是企业的事，但如果不能留住优秀的销售人员，会导致更多问题。

小结：走进营售一体化，走进未来

谨记：营售一体化不是目的，它只是企业发展进程的一部分。销售和营销部门合并之后形成的部门（营售部门），既会受到客户行为变化的影响，也会受到技术变革的冲击，以及技术的推动效应，永远不会一直保持稳定，因为一切都在改变。

人工智能、社交媒体、团队架构、薪酬、法规、区块链和无数其他可变因素都意味着，灵活处理营售一体化对成功至关重要。

事实上，随着企业与客户的联系越来越紧密（企业内部的联系也越来越紧密），除了实行营售一体化，没有其他可行的方案。不管怎样，整合销售和营销，不仅能简化企业的流程，对企业的发展也大有裨益。

随着营销角色越来越接近于销售，关键业绩指标将不再以喜好、浏览量和点击量来衡量，而开始以收益或利润来衡量；此时所有关于营销活动、渠道和漏斗的讨论都将明确为真正重要的东西。

营销带来利益和机会，销售带来收益，而客户推动一切。客户是有自主权的，客户是触手可及的（如果你知道如何找到他们），客户是我们请求他们花钱的人。

欢迎走进营售一体化，欢迎走进未来。

自我调查问卷

1. 给未来的自己写一封信，在 9 个月后打开。在这封信中，逐项列出你在营售一体化中的目标，设想在这 9 个月内你想做到什么程度，将其写下来。

2. 在纸上写下你的下一步行动，然后在推特上发给我们，以自拍或者照片形式——@timothy hughes、@agsocialmedia 和 @HugoW_Oracle。

3. 如果你的企业中有其他人也参与了这个项目，请建议他们购买这本书，然后创建一个互助组。如果你没有互助组，请联系我们，我们会帮你与世界各地的读者取得联系。我们正在创建一个全球性的营售一体化社区，以便相互支持，分享最佳实践。

4. 在你的互助组中，每隔 6~8 周打一次电话，彼此分享经验，并商定下一步的行动。无论身处商业还是工业，你们能从彼此身上学到什么？

5. 请写博客，分享你的经历，这样全世界的人都能从你的经历中学到东西。请帮助我们把这个世界变成一个营售一体化的世界。

参考文献

序 章

1. Capgemini Consulting (2015) When digital disruption strikes: How can incumbents respond? (Published on Twitter 10 May 2015 – 6:25 pm). [Last accessed 16 May 2018]

第一章

1. CEB (Gartner) (2018) The digital evolution in B2B marketing, CEB (Gartner). Available at: www.cebglobal.com/marketing-communications/ digital-evolution. html. [Last accessed 16 May 2018]

2. Davies, J (2017) The global state of consumer trust in advertising in 5 charts, Digiday. Available at: https://Digiday.com/marketing/global- state-consumer-trust-advertising-5-charts/. [Last accessed 16 May 2018]

3. Deloitte Global (2016) Trailing millennials are the pro-PC, not the post-PC generation (TMT Predictions 2016), Deloitte. Available at: www.Deloitte.com/ cy/en/pages/technology-media-and-telecommunications/articles/tmt-pred16-tech-millennials-pro-pc-not-post-pc.html. [Last accessed 16 May 2018]

4. Edwards, L (2017) JD Wetherspoon purposely deletes entire mailing list, GDPR: Report. Available at: https://gdpr.report/news/2017/06/30/ jd-wetherspoon-purposely-deletes-entire-mailing-list. [Last accessed 16 May 2018]

5. Fournaise Marketing Group (2011) Customer response to advertising fell by 19% in the first half of 2011: 3 reasons why. Available at: https:// www.fournaisegroup.

com/advertising-response-fell/. [Last accessed 25 June 2018]

6. GaryVee Fans (2017) Why I will never buy a Samsung again (Gary Vaynerchuk) [Video]. Available at: https://www.youtube.com/watch? v=HWg2VuTaxg8&feature=youtu. be. [Last accessed 16 May 2018]

7. Godin, S (2003) How to get your ideas spread, Ted Talks. Available at: www.ted. com/talks/seth_godin_on_sliced_bread/up-next. [Last accessed 16 May 2018]

8. Lab42 (2013) Does it really add up? Lab42 blog. Available at: http://blog. lab42. com/does-it-really-add-up/. [Last accessed 16 May 2018]

9. Lovell, D (2017) *Native Advertising: The Essential Guide*, Kogan Page, London.

10. Nielsen (2015) Global trust in advertising: Winning strategies for an evolving media landscape, Neilson. Available at: www.nielsen.com/content/dam/ nielsenglobal/apac/docs/reports/2015/nielsen-global-trust-in-advertising-report-september-2015.pdf. [Last accessed 16 May 2018]

11. Nielsen (2017) Traditional TV viewing trends among 18-24-year-olds, Marketing Charts. Available at: www.marketingcharts.com/featured-24817/attachment/ nielsen-traditional-tv-viewing-trends-18-24-yo-q12011-q22017-dec2017. [Last accessed 16 May 2018]

12. Orc International (nd) Survey finds 90% of people skip pre-roll ads. Available at: https://buff.ly/2jm6HN5. [Last accessed 20 June 2018]

13. Sweney, M (2017) WPP faces worst year in a decade as advertisers cut spending, *Guardian*. Available at https://buff.ly/2FyX8Ty. [Last accessed 20 June 2018]

第二章

1. Barnes, H (2016) 94% = Enterprise buying teams that have abandoned a buying effort with no decision (in the past 2 years), Gartner Network Blog. Available at: https://blogs.gartner.com/hank-barnes/2016/09/20/94-enterprise-buying-teams-

that-have-abandoned-a-buying-effort-with-no-decision-in-the-past-2-years/. [Last accessed 25 May 2018]

2. CEB Research (2016) The revolution in B2B buying (CEB is now Gartner). Available at: https://www.cebglobal.com/sales-service/sales/b2b-revolution.html. [Last accessed 25 May 2018]

3. Godin, S (1999) *Permission Marketing: Turning Strangers into Friends and Friends into Customers*, Simon & Schuster, London.

4. Google Docs (nd) For a full list of the Martech 5,000 see this Google spreadsheet: https://docs.google.com/spreadsheets/u/2/d/1sgmWCLerELolXlHHMFHdxTWvB LIfmNrKTrlbz0vBW4E/pubhtml. [Last accessed 25 May 2018]

5. Hora, A et al (2015) US B2B eCommerce Forecast: 2015 to 2020, Forrester. Available at:https://www.forrester.com/report/US-B2B-eCommerce-Forecast-2015-To-2020/-/E-RES115957/. [Last accessed 25 May 2018]

6. Hughes, T and Reynolds, M (2015) *Social Selling: Techniques to Influence Buyers and Changemakers*, Kogan Page, London. Kramer, B (2014) There is no B2B and B2C: It's Human to Human #H2H.Available at: http://bryankramer.com/pages/books/. [Last accessed 25 May 2018]

7. Peppers, D and Rogers, M (1999) *The One to One Fieldbook*, Crown Business, New York.

8. Spanner, P and Schmidt, K (2015) Two numbers you should care about, *CEB Blogs*. Available at: https://www.cebglobal.com/blogs/b2b-sales-and-marketing-two-numbers-you-should-care-about/. [Last accessed 25 May 2018]

9. YouTube (2007) Alec Baldwin Glengarry Glenn Ross always be closing full speech. Available at: https://youtu.be/Q4PE2hSqVnk. [Last accessed 18 June 2018]

第三章

1. CEB Research (2016) The revolution in B2B buying (CEB is now Gartner). Available at: https://www.cebglobal.com/sales-service/sales/b2b-revolution.html. [Last accessed 25 May 2018]

2. Godin, S (1999) *Permission Marketing: Turning Strangers into Friends and Friends into Customers*, Simon & Schuster, London.

3. Heinz Marketing (2015) What you should know about B2B referrals (but probably don't), Heinz Marketing.Available at: https://www. heinzmarketing.com/2015/12/new-research-formal-referral-programs-lead-to-higher-sales-faster-deals/. [Last accessed 25 May 2018]

4. Kemp, S (2017) Hootsuite&We Are Social 2017 research, in Social media users surge past 3 billion, LinkedIn. Available at: https://www.LinkedIn. com/pulse/social-media-users-surge-past-3-billion-simon-kemp/. [Last accessed 25 May 2018]

5. Peppers, D and Rogers, M (1999) *The One to One Fieldbook*, Crown Business, New York.

6. Spanner, P and Schmidt, K (2015) Two numbers you should care about, CEB Blogs. Available at: https://www.cebglobal.com/blogs/b2b-sales-and-marketing-two-numbers-you-should-care-about/. [Last accessed 25 May 2018]

第四章

1. Brady, C and Mullins, J W (2005) *End of the Road: The True Story of the Downfall of Rover*, Prentice Hall, Harlow.

第七章

1. Capgemini Consulting (2015) When digital disruption strikes: How can incumbents respond? (Published on Twitter 10 May 2015– 6:25 pm). [Last accessed 16 May 2018]

第九章

1. Overton, L (2016) In-Focus: 70+20+10=100: The evidence behind the numbers, Towards Maturity. Available at: https://towardsmaturity. org/2016/02/02/in-focus-702010100-evidence-behind-numbers. [Last accessed 25 May 2018]

2. Sales Enablement Society (2018) Available at: https://www.sesociety.org/home. [Last accessed 25 May 2018]

第十章

1. Ascend2 (2018) Account-based marketing strategy, Survey summary reports on digital marketing strategies and tactics. Available at: http:// ascend2.com/research/. [Last accessed 25 May 2018]

2. Burgess, B and Munn, D (2017) *A Practitioner's Guide to Account-Based Marketing*, Kogan Page, London.

3. Godin, S (2006) Flipping the Funnel [ebook]. Available at: http://sethgodin. typepad. com/seths_blog/2006/01/flipping_the_fu.html. [Last accessed 25 May 2018]

第十一章

1. Brinker, S (2017) The Blockchain marketing technology landscape 2017, Chiefmartec. Available at: https://chiefmartec.com/2017/09/blockchain- marketing-technology-landscape-2017/Dscmailtest (2010). [Last accessed 20 June 2018]

2. Hubspot (2018) The ultimate list of marketing statistics for 2018. Available at: https://www.hubspot.com/marketing-statistics. [Last accessed 20 June 2018]

3. Infovore (2017) Making a change with Blockchain: Revolutionizing the advertising and publishing industry, Busy. Available at: http://bit. ly/2KxGG9V. [Last accessed 20 June 2018]

4. Molla, R (2017) Mary Meeker's 2017 internet trends report: All the slides, plus analysis. *Recode*. Available at: https://www.recode.net/2017/5/31/15693686/mary-meeker-kleiner-perkins-kpcb-slides-internet-trends-code-2017. [Last accessed 25 May 2018]

5. Nick (2017) The content marketing stats every business needs to know, *Clear Editorial Be Contented*. Available at: http://www.cleareditorial.co.uk/content-marketing-stats/ [Last accessed 25 May 2018]

6. Passle (nd) NTT security. Available at: https://home.passle.net/case-studies/ntt/. [Last accessed 20 June 2018]

7. Rogers, S (2016) Content marketing is up 300%, but only 5% of it matters. *VentureBeat*. Available at: https://www.recode.net/2017/5/31/15693686/mary-meeker-kleiner-perkins-kpcb-slides-internet-trends-code-2017 via @VentureBeat. [Last accessed 25 May 2018]

8. Slefo, G (2016) Ad fraud will cost $7.2 billion in 2016, up nearly $1 billion from 2015, Adage. Available at: http://adage.com/article/digital/ana-report-7-2-billion-lost-ad-fraud-2015/302201/. [Last accessed 25 May 2018]

9. Vega, T (2011) Cutting out middleman to sell small ads online, *New York Times*. Available at: https://www.cnbc.com/id/41828232. [Last accessed 25 May 2018]

10. YouTube (2010) Minority Report advertising VBR. Available at: https:// youtu.be/ uiDMlFycNrw. [Last accessed 20 June 2018]

关于作者

蒂姆·休斯

蒂姆·休斯是公认的世界级社会营销先驱和倡导者之一，目前被列为世界上最具影响力的社会营销人物之一。

他就职于一家价值数十亿美元的软件公司，负责其销售转型事宜，帮助4000名销售人员从销售目标、内部部署解决方案转变为SaaS。

他从欧洲公司实施社交销售中获得灵感，撰写了他的第一本书——《社交销售：影响买家和变革制造者的技术》，由科根培杰图书出版社出版。此书不仅是一本畅销书，而且被世界上许多大学以及英国数字营销研究所（the Institute of Digital Marketing）列为基本读物。

蒂姆目前在大型B2B企业中领导许多销售转型计划。他是数字化领导协会的联合创始人兼首席执行官。

亚当·格雷

亚当终生致力于营销，并在数字营销方面投入了大部分时间。10年前，他专攻社交媒体。

随后，皮尔逊集团（Pearson）邀请他撰写《卓越的社交媒体》（*Brilliant Social Media*），这是第一本在国际上发行的关于商业社交媒体的书。他经常在全球会议巡回演讲，并出现在BBC新闻上。

此外，在一家大型市值数十亿美元的软件公司中，亚当担任了3年的客户社交媒体EMEA［欧洲（Europe）、中东（Middle East）和非洲（Africa）］区负责人，与他们最大的客户合作，帮助他们了解如何在业务中部署社交媒体，并帮助他们制订实施战略。他是数字化领导协会的联合创始人兼首席运营官。

雨果·惠彻

在雨果的职业生涯中，他只专注于 B2B 营销，为高级商务专业人士制订技术解决方案。雨果有着跨越传统营销组合的经验，最近又强调数字营销和目标客户营销，他的方法始终以与内部团队和利益相关者的有效合作为基础。他的经验，包括作为营销主管推动客户关系管理系统实施的经验，使得他深入了解销售和营销团队之间的理想互动模式，以促进业务成功。

在担任营销技术人员时，他涉足了与技术有关的各种领域：从硬件、中间件和应用程序，到提供技术解决方案的人员。在他的目标客户营销职业生涯中，他一直致力于为这些领域提供成熟的营销方案，他也为英国一家跨国技术企业主持大型技术会议。

闲暇时，雨果喜欢练武，或者骑着山地车登山。

数字化领导力协会（Digital Leadership Associates，DLA）

2016 年 9 月，蒂姆和亚当成立了数字化领导力协会（网址为 www.social experts.net），旨在通过社交媒体改变世界。他们发现，通过战略部署社交媒体，企业可以取得显著的竞争优势，在持续赢利的同时，提高工作效率。

"社交媒体"并不仅仅是指"在社交媒体上发布信息"，它是一种战略工具，高层领导及下属部门（营销、销售、人力资源、供应链等）都要参与其中。

借助在大型企业工作或与其共事的丰富经验，蒂姆和亚当建立的这家全球性公司，拥有许多一级客户。他们不仅真正了解企业惰性带来的挑战，还了解如何在大型企业的政治环境中确定方向。他们的方案并非告诉企业问题或机遇何在，而是向它们展示如何抓住机遇，并提供变革方案以支持人员和过程的变革。

致　谢

蒂姆·休斯

首先，我要感谢我的父母玛丽安（Marian）和戴维（David）一直以来对我的信任。他们的安慰和支持对我的工作和生活而言意义重大。我继承了父亲对冰激凌和音乐的热爱，以及母亲的干劲和组织能力，这些特质让我受益匪浅。我想接下来，我将开始筹备我的下一本书。我还想感谢我的伴侣朱莉（Julie），感谢她对我的鼓励，感谢她在我的"写作日"期间做出的牺牲。她总是乐于倾听、笑对挑战，并对我一如既往地支持。我一直告诉她，她是我的英雄。最后，我要感谢我的两个写作伙伴。无论是在写书过程中，还是在我的生活中，他们都给了我很大的启发。在某种程度上，我和亚当·格雷正在改变世界，因为我们建立的数字化领导协会改变了商业。这才是真正的灵感。雨果·惠彻对这个主题中细节的关注总是让我感到惊讶，他目标明确，催人奋进。雨果和亚当，我要感谢你们。最后，感谢两位的家人，他们也做出了贡献，感谢他们对我的合著者的支持。

亚当·格雷

在这本书中，我的家人给了我极大的帮助——我的孩子马迪（Maddy）和马克斯（Max），他们让我开怀大笑，他们是我的骄傲，是我生活的目标。还有我的妻子乔（Jo），我长期忙于写作，忽略了对她的陪伴；我历经无数磨难，也是她给了我支持和鼓舞。我还要感谢我的合著者雨果，感谢他的专业和才华。最重要的是，我需要感谢我的商业伙伴蒂姆，他不仅是我的朋友、导师，而且在写这本书的过程中，以及在我的日常商业活动中，他都给了我莫大的支持。我们坚信我们公司——数字化领导力协会，可以改变世界，而且蒂姆执行这一愿景的能力（虽不显眼，却能厚积而薄发，从这本书中我们就可以看到）很强，我对其崇拜有加。

同时，感谢各位读者购买并阅读这本书。

雨果·惠彻

我要感谢我所有的家人对我的支持，并忍受我在周末整日流连于书房的行为。当我决定和蒂姆、亚当合作完成这个项目时，我不知道要花多少时间和精力，但我热爱这一过程中的每一分钟。我要特别感谢我家里的女士们，我的妻子阿曼达（Amanda）和女儿贝拉（Bella），她们体谅我的辛苦，也为我提供宝贵意见。还要感谢我母亲对这本书的整体可读性方面提供的帮助。我还想感谢我公司的同事们，他们给了我巨大的灵感，尤其是我的营销导师伊曼纽尔（Emmanuel），他激发了我的灵感。此外，我想感谢马克（Mark），他对商业的看法给了我灵感，帮助我形成了营售一体化的理念。最后，感谢我的合著者，我在与他们的头脑风暴中得到了很多伟大的想法和力量。特别是蒂姆，他一直为我提供帮助和指导。